DIRK POPE **IDIOTEN SICHER**

CARL HANSER VERLAG

Für Aisling, Cian & Fionn

1 2 3 4 5   19 18 17 16 15

ISBN 978-3-446-24744-4
Alle Rechte vorbehalten
© Carl Hanser Verlag München 2015
Satz im Verlag
Druck und Bindung: GGP Media GmbH, Pößneck
Printed in Germany

»Was machen zwei Stück Holzkohle im Frühjahr?
Grillen sich eine Karotte.«

AKTE 1

1. PROTOKOLL

ELÍN Gibt's das nicht immer? In jeder Beziehung? Einen Stärkeren und einen Schwächeren. Einer, der der Kopf ist. Und einer, der dafür den Kopf hinhalten muss. War bei Moki, Joss und Basti nichts anderes. Bin ich mir sicher. Joss und Basti waren mit Moki befreundet. Aber umgekehrt? Kann ich nicht sagen. Moki war immer etwas anders. Nicht wegen seiner Hautfarbe. Ist man nicht rangekommen an den. Der hatte einfach 'nen Knall. Bis zuletzt.

Da ist doch dieses Wort »unnahbar«? Trifft es ziemlich gut. Der war einfach unnahbar. Weißt du, es hat sich einfach niemand an ihn rangetraut. Weder die Lehrer noch irgendjemand sonst in der Schule. Außer Joss natürlich. Und Basti. Der war allerdings nur dabei, weil es Joss auch war.

Was die drei verbunden hat? Ist mir nicht klar. Echt nicht. Irgendwas hat sie zusammengehalten, obwohl sie sich immer weiter voneinander entfernt haben. Vielleicht etwas Außergewöhnliches. Wie der unterirdische Lavafluss unter dem Reykjanesrücken bei uns zu Hause, der die Erde spaltet und sie an der Oberfläche wieder zusammenschweißt, verstehst du? Oder dass alle irgendwie Freaks waren. So wie die Nerds mit ihren Computern. Zocken die Nächte durch, ohne irgendwas quatschen zu müssen. Kein Wort zu viel. Hatten mit Computern aber nichts zu tun, die drei. Im Gegenteil. Da war alles echt. Mehr als echt. Auch wenn es dadurch nur noch stärker gekracht hat. Auf allen Ebenen. Liegt jetzt alles in Trümmern. Weißt du, manchmal braucht es eben ein Erdbeben, um ein Bild wieder gerade zu rücken. Von wegen Gleichgewicht. Gab's ja vorher eher nicht.

Ob das alles so stimmt? Können andere bestimmt besser beurteilen. Bin da ja nur zufällig reingeraten. Das mit dem Zirkus, diesem ganzen Dope und dem Insekt! Wie hätte ich vorher wissen sollen, auf was das alles hinausläuft? Weiß ja selbst nicht, was ich denken soll. Glück nur, dass nicht noch mehr passiert ist. Zumindest mir nicht. Und dafür kann ich Moki wirklich dankbar sein. Diesem Arschloch! Wenigstens das. Wie geht es ihm überhaupt? Gibt es etwas Neues?

2. PROTOKOLL

JOSS Ich heiße Joss. Und Basti – also Sebastian – ist mein kleiner Bruder, was aber recht albern klingt, das mit dem »klein«. Schließlich ist Basti nur 15 Monate jünger und eine Klasse unter mir. Vom Aussehen sind wir allerdings ziemlich verschieden. Wie Sie ja sehen, hat er längere Haare und diese blasse Haut. Irgendwer hat einmal gesagt, er sehe aus wie einer der Typen, die sich schon erkälten, wenn sie bloß den Kühlschrank aufmachen. Das stimmt natürlich nicht, nicht ganz. Basti ist kein Lolli. Der wirkt auf andere manchmal vielleicht etwas unsicher, verletzlich. Das liegt wahrscheinlich auch an seinem ständigen Nasenbluten. Immer wenn ihn etwas besonders stresst, schießt es ihm aus der Nase, und er läuft aus, wie Moki sagt. Nasen-Pipi. Und in den letzten Tagen gab es ja eine Menge Situationen, die ihn gestresst haben. Mann, Mann. Das sieht natürlich immer tausendmal schlimmer aus, als es ist. Und es beruhigt sich ja schnell wieder. Was ich damit aber sagen will: dass Basti auf andere leicht einen falschen Eindruck macht. In Wirklichkeit ist er viel abgezockter, als man denkt, und man kann sich auf ihn verlassen, hundertprozentig. Das hat sogar Moki gesagt. Vielleicht hat er deshalb so viel von ihm gehalten, selbst wenn er es nicht besonders oft gezeigt hat. Auch mir gegenüber, was es ja nicht gerade leichter gemacht hat.

Wie das mit Moki und mir kam? Wir kennen uns schon lange. Eine dreiviertel Ewigkeit. Seitdem er mir einmal das Leben gerettet hat. Na ja, das ist vielleicht etwas übertrieben. Eher im übertragenen Sinn, wenn Sie verstehen, was ich meine. Wir hatten damals Schwimmunterricht in der 3. oder 4. Klasse, so genau weiß ich das nicht mehr. Und da war dieser andere Junge, Carsten. Der hat mir von hinten die Badehose runtergezogen – vor der ganzen Klasse.

Und im gleichen Augenblick haben mich zwei seiner Bodyguards ins Wasser gestoßen. Alle haben sich weggeeiert vor Lachen. Nur Moki nicht. Der hat einfach seine eigene Badehose ausgezogen und mir hinterher geworfen. Hat ihn gar nicht gestört. Der stand nackt da – vor den anderen und den Mädchen. Und dann hat er die drei Hohlbrote kurz in den Boden gestarrt – Peng! – und gesagt: »Jetzt ihr!« Die haben das tatsächlich gemacht, sage ich Ihnen, dieser Carsten und seine beiden Lakaien, und sich selbst die Badehosen runtergezogen. Ich glaube, die hatten plötzlich mächtig Schiss vor ihm. Zumindest einen Höllenrespekt. Na, jedenfalls hat von da an keiner mehr gelacht – und ich hatte meine Ruhe vor denen.

Seitdem haben wir uns fast jeden Tag gesehen, Moki und ich. Und Basti war später auch immer dabei. Spätestens, als wir das da unten am Fluss hatten. Den Zirkus – auf dem Feld vom einäugigen Emmerich. In der Nähe vom Campingplatz. Dort, wo die Stadt anfängt. Oder aufhört. Ganz gleich, wie man das sehen mag. Irgendwie finde ich, dass man nie so genau weiß, wann etwas anfängt oder aufhört. Schließlich geht alles ineinander über, und am Ende ist völlig unklar, was zuerst war, wie etwas zueinandergehört und was auf das Nächste folgt. Oder ob nicht das, was folgt, bereits vorher da war, und damit die Ursache für alles andere ist. Zitronen werden auch nicht sauer, nur weil sie die Farbe Gelb nicht mögen, sagt man doch, oder? Und nach Gründen für das eine oder das andere kann man immer suchen – also selbst für das mit Moki und uns. Tut mir leid, wenn das jetzt alles etwas chaotisch klingt, aber genau so fühle ich mich grade. In meinem Kopf rast alles durcheinander. Kein Wunder, ich glaube, ich hab seit Tagen kein Auge mehr zugemacht, nicht mehr richtig. Zumindest kommt es mir so vor.

Also, wo war ich? Das Versteck. Na, der Zirkus, den wir SKY getauft hatten. Das war natürlich kein echter Zirkus. Vielmehr stand da im Gebüsch ein alter Zirkuswagen, den wir in der Nähe vom Ufer gefunden haben. Letzten Sommer. Auf jeden Fall war er das wohl mal, so richtig erkennen konnte man das nicht mehr. Der Wagen war schon ziemlich runtergekommen. Und der hatte außen so einen typisch goldenen Schriftzug, wie ihn bestimmt alle Zirkusse haben, und der schon fast komplett abgeblättert war. Die ersten Buchstaben waren vollkommen verblasst. Wahrscheinlich stand da mal KAMINSKY oder KLAMAUKSKY, wohl irgendein polnischer oder russischer Name. Wir haben jedenfalls die ersten Buchstaben weggelassen und einfach SKY draus gemacht, mit knallgelber Farbe. Also Zirkus SKY, was uns irgendwie gut gefallen hat. Warum auch immer.

Wie der Wagen da unten hingekommen ist, keine Ahnung. Na, irgend so ein Clown muss den dort abgestellt haben, hab ich am Anfang gedacht, und hat vielleicht selbst drin gewohnt. Als wir ihn gefunden haben, war zumindest keiner mehr da – nur ein paar Möbel, die der Zirkustyp dort vergessen haben muss. Ein altes Schlafsofa, ein Schminktisch mit Spiegel, zwei Bänke und ein Tisch. In einer Kiste haben wir sogar noch ein paar alte Kostüme gefunden, die höllisch gestunken haben und uns viel zu groß waren. Bei beiden Fenstern waren die Scheiben kaputt, und das Dach war so dicht wie ein altes Sieb. Bei jedem Regen mussten wir ein halbes Dutzend Eimer auf den Boden stellen, damit nicht alles überflutet wird. Die Holzwände waren innen weiß gestrichen, allerdings konnte man auch das nur erahnen, und alles war schon ziemlich versifft. Na ja, wir haben dann ein paar Fotos und Postkarten aufgehängt, die uns etwas bedeutet haben, damit es wenigstens einigermaßen ausgesehen hat. Ich weiß, das klingt jetzt nicht gerade luxuriös. Aber für unsere Verhältnisse war das mehr, als man erwarten konnte. Schließlich gehen wir noch zur Schule und hatten kein Geld, obwohl sich das ja fast geändert hätte. Und wer weiß, vielleicht wären wir dann da nie rausgekommen – aus der Sache, wenn alles etwas anders gelaufen wäre. Was meinen Sie?

3. PROTOKOLL

JOSS Na, der Zirkus war seitdem unser Treffpunkt, unser Geheimquartier. Bis auf das eine Auge vom Emmerich hat uns dort unten keine Menschenseele gesehen. Weder unsere Eltern noch irgendwer sonst aus der Klasse. Nicht einmal die Spacken vom Campingplatz haben gemerkt, dass wir da was hatten, was uns echt wichtig war, wenn Sie verstehen, was ich meine. Dabei war der Zirkus von denen keinen Kilometer entfernt. Wir haben uns jeden Nachmittag dort getroffen. Moki, Basti und ich. Nach der Schule oder wann immer wir Zeit hatten und uns danach war. Draußen hatten wir eine Hängematte zwischen die Bäume gespannt, regenbogenbunt. Und jetzt, wo es so heiß war, konnte man da 1a im Schatten abhängen, wenn einem sonst nichts eingefallen ist. Oder man einfach nur seine Ruhe haben wollte.

Na, wie ich Ihnen vorhin schon erzählt hab, wohnen wir drüben im Weltverbessererviertel, wie es Elín nennt. Dort wo alle Straßen Pestalozzi, Montessori oder Peter Petersen heißen. Ich hab keine Ahnung, wer das alles war. Jedenfalls hat man das Gefühl – wenn man da wohnt –, dass man von außen das gerade rücken könnte, was drinnen schiefläuft. Na ja, zumindest bin ich der festen Meinung, dass das die langweiligste Neubausiedlung zwischen Neu-Mexiko, Hintersachsen und der Sackeifel ist. Früher hatten wir eine Dreizimmerwohnung drüben am Kreuzgarten. Dann haben sich unsere Eltern vor ein paar Jahren eines dieser Raumwunder gekauft, ein Reihenmittelhaus, bei dem jeder Quadratmeter so groß ist wie ein halbes Fußballfeld. Aus eigener Kraft angespart, wie unser Vater immer behauptet, wenn Besuch da ist. Basti und ich haben seitdem jeder ein eigenes Zimmer, was wohl das Beste an der Hütte ist, soweit ich das beurteilen kann. Unsere Zimmer sind beide im ersten Stock, zur Straße hin. Das Schlafzimmer unserer Eltern ist ein Stockwerk höher und geht hinten zum Garten raus, was durchaus seine Vorteile hat, wenn man sich mal ungesehen davonmachen will. Und das haben wir in letzter Zeit immer häufiger getan. Und wie ich glaube, öfter, als es unseren Eltern lieb gewesen wäre, hätten die davon Wind bekommen.

Dabei kann ich meine Eltern im Prinzip gut leiden. Ich meine, Basti und ich hatten nie mehr als den üblichen Stress mit ihnen, nichts Außergewöhnliches. Es sind halt Eltern, aber im Prinzip sind sie ganz in Ordnung. Natürlich nerven sie, so wie das alle tun, mit Sprüchen wie: *Dafür seid ihr noch zu jung.* Oder: *Dafür seid ihr jetzt alt genug.* Wie es ihnen gerade passt. Zum Beispiel: als ich Moki einmal draußen im Industriegebiet getroffen hab. Zufällig, das hatten wir gar nicht verabredet. Na, das war jedenfalls auch so eine Geschichte.

Wir waren samstags im Baumarkt. Unsere Eltern mussten irgendwas regeln wegen eines superwichtigen Blödsinnsventils im Heizungskeller. Basti und ich haben am Ausgang gewartet. Da ist Moki plötzlich aufgekreuzt. Der hatte eine ziemlich große Spanplatte in der Hand – für irgendeinen Flieger, den er bauen wollte. Ich hab bis heute keine Ahnung, wie er da rangekommen ist. Und ob der Flieger jemals geflogen ist. Jedenfalls konnte er die Platte nicht alleine tragen. Da hat er mich gefragt, ob ich ihm helfen könne. Klaro, hab ich zuerst gedacht, ich sollte ihm das Teil nur mit bis zum Auto schleppen, bis ich gerafft hab, dass die überhaupt keins haben – kein Auto, meine ich. Seine Mutter sei schon vor mit dem Bus, hat er gesagt. Also musste ich mit ihm durch die halbe Stadt laufen – bis zu ihm nach Hause, was einerseits ein Hammerding war. Andererseits hat es daheim mächtig Ärger gegeben. Mein Vater hat zwei Tage lang kein Wort mit mir gesprochen. Von wegen: sich auf uns verlassen können und so weiter. Dabei war ich bestimmt schon 12 – also alt genug, um den Weg allein zurückzufinden, wenn es drauf ankam. Was ich aber damit sagen will: dass ich diese Elternlogik nicht so ganz kapiere. Gerade wenn es um das Thema Selbstständigkeit geht.

Na ja, jedenfalls haben sie es seitdem aufgegeben – weitestgehend –, und sie lassen uns einfach machen, was ja auch sein Gutes hat. Basti hat mal gesagt, wir seien ihnen gleichgültig. Doch das stimmt so nicht. Unser Vater ist Vertriebsleiter in irgendeiner Kosmetikfirma und ständig unterwegs. Auf Messen. Oder Mitarbeiterinnenschulungen, wie Mama behauptet. Was auch immer das bedeutet.

Sie selbst ist meistens zu Hause, und sie gehört zu den Menschen, die Gegenstände aggro machen. Ich weiß, das klingt jetzt ein bisschen merkwürdig. Aber so kann man es, glaube ich, ganz gut ausdrücken. Gegenstände, Sachen, einfache Dinge halt. Vor allem, wenn sie sich nicht dort befinden, wo sie hingehören. Oder nicht das tun, was man von ihnen will. Neulich hat eine Küchenschublade geklemmt, und sie hat so lange daran herumgeschoben, bis das ganze Teil aus den Scharnieren gerissen ist. Das wiederum hat unseren Vater mächtig gestresst, und sie haben den ganzen Abend miteinander Zoff gehabt. Mama hat nur gemeint, dass wir schuld seien, Basti und ich, weil wir immer alles stehen und liegen lassen würden. Dabei hat sie – glaube ich – nur einen Vorwand gesucht, um auf unseren Vater sauer sein zu dürfen, weil der wieder für den Rest der Woche wegmusste.

Na ja, unter dem Strich, denke ich, sind beide ganz ok. Auch wenn ich mich manchmal frage, wie sie es so lange miteinander ausgehalten haben. Aber vielleicht ist es genau deswegen. Weil sie sich so selten sehen und jeder sein eigenes Leben führt, mehr oder weniger. Ich weiß nur, dass ich das später einmal nicht will. Ich meine, wenn man mit jemandem zusammen ist, sollte man auch mit ihm zusammen sein, oder? Sonst kann man es doch gleich lassen, denke ich. Moki sieht das ganz anders. »Familie ist wie Geburtstag«, sagt er immer. »Hat man einfach, ganz egal, wo man ist.« Damit hat er natürlich recht, obwohl ich manchmal denke, dass der gar nicht weiß, wovon er da spricht.

4. PROTOKOLL

BASTI moki hatte diesen film gesehen, diesen film ... den titel hab ich leider vergessen ... war ab 16, ziemlich brutal ... joss und ich durften ihn nicht ... darin ging es um einen schwarzen kopfgeldjäger, der erst als sklave in den südstaaten arbeitet ... auf den plantagen ... dann aber frei kommt und sich an den leuten rächt, die ihn vorher fast totgeprügelt haben ... dieser typ ist dabei wohl ziemlich lässig durch die prärie geritten ... und hatte immer einen cowboyhut auf ... ein nigger mit cowboyhut, hat moki gesagt ... ich glaube, das hat ihn am meisten fasziniert ...

irgendwann ist er selbst mit einem cowboyhut durch die gegend ... auch in der schule ... so, als wollte er allen damit zeigen, dass er sich nichts sagen lässt ... nichts von niemandem ... hat unsere lehrer tatsächlich beeindruckt, komischerweise ... am anfang sollte er den hut abnehmen ... auf dem schulgelände ... sei ja schließlich kein kostümfest, haben sie gesagt ... dann: ein lehrer ist nach dem anderen umgefallen ... und irgendwann hat sich keiner mehr aufgeregt ... oder mit ihm angelegt ... leistungsmäßig war das nicht wirklich gut ... doch dafür kann es genauso gut zig andere gründe ... im letzten schuljahr ist er nämlich hängengeblieben, kam dann in meine klasse ... und weil er mich ja schon von joss kannte, hat er sich gleich neben mich ...

ich glaube, wenn er und mein bruder sich nicht schon von früher ... dann wäre das mit moki und mir nie etwas geworden, niemals ... der hätte mich überhaupt nicht wahrgenommen ... so war das aber von vornherein abgemacht ... nicht, dass das gut für meine noten ... ich bin in dem jahr ganz schön runter, glaube ich ... aber mir habe es gutgetan, hat joss gesagt ...

na ja, damit hatte er wohl recht ... denn als moki den platz neben mir ... da war das gleich so, als müssten huck finn oder obi-wan noch einmal in die 7. klasse und würden sich genau neben einen setzen, direkt neben einen ... moki ist zwar weder der eine noch der andere ... doch ich war gleich zwei jahre älter ... war plötzlich ein anderer: eben der kumpel dieses neuen, dieses farbigen ... komische bezeichnung, oder ...? selbst für moki ... »wie bescheuert ist das denn ... ›farbiger‹ für einen neger«, hat er im unterricht gefragt, »wenn die weißen noch immer die ›weißen‹ heißen – und nicht die ›farblosen‹ ...?«

dem kruschka ist dazu nichts eingefallen ... muss sagen, ich fand diesen vergleich ziemlich komisch ... die klasse auch ... und moki hat später wie verrückt darüber gelacht ... und das ist er allemal: verrückt ... das mit dem motorrad ... und dort, wo er wohnt, ist auch alles verrückt ... das hat ihnen joss bestimmt schon erzählt ... vollkommen anders als bei uns zu hause ...

5. PROTOKOLL

JOSS Seine Leute wohnen draußen im Ghetto, wie er immer sagt. In der Nähe vom Ring, kennen Sie sich da aus? Dort, wo man Hochhäuser baut, die in der Stadt selbst nichts zu suchen haben, aus städtebaulichen Gründen. Und wo immer diese Typen aus der Halfpipe abhängen, die mit 17 schon so aussehen wie die Kürbisfratzen zwei Wochen nach Halloween.

Na, jedenfalls ist bei Moki fast nie jemand zu Hause, niemand aus seiner Familie. Seine Mutter arbeitet den ganzen Tag. Der Vater ist nicht mehr. Und sein Bruder hat sich nach Amerika abgesetzt, als der 18 war. Das war wohl vor sechs oder sieben Jahren. Deshalb auch dieser ganze Schlonz mit Mississippi und so weiter, was Basti und ich ja ziemlich witzig finden. Selbst wenn es gar nicht witzig ist. Ich meine, Mokis Bruder schreibt ab und zu Postkarten, wie toll dort drüben in den USA das alles ist. Das war's aber auch. Und Moki hat irgendeine Adresse von einem Bekannten in der Nähe von New Orleans, um ihm zurückzuschreiben. Verrückt, oder? Na, auf jeden Fall will Moki seinem Bruder irgendwann hinterher. Wenn er selbst 18 ist und genug Kohle hat. Zurück in seine »natürliche Umgebung«, wie er sagt. Was ganz sicher Quatsch ist, denn ursprünglich ist seine Familie ja aus Afrika. Vor einer halben Ewigkeit geflüchtet, mitten aus dem Busch, Uganda oder Ruanda oder so. Und sie sprechen nur Suaheli und ein paar Brocken Englisch, was mit unserem Schulenglisch nur wenig zu tun hat, wie ich immer gedacht hab. Zumindest konnte ich die Mutter nie verstehen, wenn sie mal da war und wir Moki abgeholt haben. »Wootsa?«, hat sie immer gesagt. Mittlerweile weiß ich, dass sie wohl »What's up?« meint. Also so was wie »Was ist los?« oder »Was geht ab?«, was mit WhatsApp natürlich genauso wenig zu tun hat. Schließlich putzt die irgendwo Kolonne, aber bestimmt nicht bei Facebook oder Google.

Basti und ich nicken dann immer nur blöd, bis Moki so weit ist, um sich mit uns zu verdrücken. Bis auf einmal vor drei, vier Wochen. Da war Moki nicht da. Und wir mussten in der Wohnung mit der Nachbarin warten, die auf seine beiden kleinen Halbschwestern aufgepasst hat, bis er zurück war. Den Tag werde ich nie vergessen. Verfluchter Mist. Vielleicht, weil es der Anfang von allem war. Oder auch das Ende, ganz wie Sie wollen. Ich meine, wir haben schon vorher viel Mist gebaut, ich darf gar nicht dran denken! Na, das mit dem Motorrad war aber wieder ein Level drüber, ein erstes Master-Level sozusagen. Und von da an haben die Dinge ihren Lauf genommen, wenn Sie verstehen, was ich meine.

Jedenfalls wohnt Moki im 14. Stock. In einem dieser kahlen Klötze aus Beton und Hundescheiße, wie er immer sagt. Und die man an der Seite bunt anstreicht, damit sie nicht ganz so trostlos wirken. So wie Schornsteine von Müllverbrennungsanlagen oder Atommeiler. Man muss mit dem Aufzug fahren, um bis nach oben zu kommen, was ich eigentlich ziemlich lässig finde. Von dort hat man echt einen Spitzenblick über die ganze Stadt. Wenn man sich anstrengt, kann man sogar bis zum Fluss schauen. Bis zum Zirkus, der natürlich so versteckt gelegen hat, dass man ihn höchstens erahnen konnte, wenn man danach gesucht hat – mit seinen Teleskopaugen.

Darüber hinaus hatte die Wohnung einiges zu bieten. Denn wenn man vom Flur einen Blick hineinwirft, wird einem schnell klar, dass dort eine Menge Dinge durcheinandergekommen sind. Anders als bei uns, wo ständig aufgeräumt werden muss. Auch wenn es gar nichts zum Aufräumen gibt, zumindest unserer Meinung nach. Selbst wenn nur ein paar Bücher oder CD-Hüllen auf dem Klavier liegen, stresst unsere Mutter schon mächtig rum, bis alles seine Ordnung hat, wie sie sagt. In Hochglanz-Politur. Bei Moki ist das egal. Da hat jedes Ding seine eigene Ordnung, ganz gleich, wo es sich auch befindet. Alles führt ein gewisses Eigenleben. So wie Hunde oder Katzen, die sich dorthin legen, wo es ihnen am besten gefällt.

Na, als wir so zusammen mit der Nachbarin auf ihn gewartet haben, hat ein mächtiger Stapel Teller mit Reis und so einer grünbraunen Soße auf dem Wohnzimmerteppich gestanden, was bestimmt mal ganz gut geschmeckt haben muss. Zumindest hat es reichlich spektakulär ausgesehen. Und in dem Bücherregal befand sich ein Aschenbecher voller Kippen. Daneben ein Glas Mayo ohne Deckel, ein paar Weingläser, ein Knäuel Wäsche und ein Dutzend Fotorahmen. Bücher gab's jedenfalls keine. Die Fotos hab ich mir dann genauer angesehen. Auf den meisten war Moki mit den Halbschwestern. Doch auf einem Bild waren Mokis Eltern mit einem Jungen zu sehen – vor einer Hütte mit Bananenpalmen. Die Eltern mit Mokis Bruder. Wahrscheinlich war das das Haus in Afrika, das sie damals verlassen mussten. Der Vater war ziemlich groß und hat breit gelacht, so wie Moki das tut, wenn er gut drauf ist. Seine Eltern haben so komisch bunte Kleider getragen, der Ami-Bruder nicht, der war fast nackt, und die Mutter mit Kopftuch hatte ein Baby auf dem Arm. Vermutlich Moki, aber so genau konnte ich das dort nicht zuordnen. Die andern Fotos waren von hier, jedenfalls waren da keine weiteren Lianen oder Gorillas zu sehen. Oder sonst was, was man sich so vorstellt.

Doch das war noch lang nicht alles. Das ganze Wohnzimmer war vollgestopft mit irgendwelchem Haushaltszeug. Bügeleisen, Wasserkisten, Schuhkartons und so weiter. Und der Fernseher war an, ziemlich laut, weil die Nachbarin wohl was an den Ohren hatte. So genau weiß ich das nicht. Außerdem war es ziemlich düster, da die Vorhänge halb zugezogen waren. Und in der ganzen Wohnung hat es nach Gewürzen, Zigarettenqualm und Benzin gerochen. Das mit den Gewürzen und den Kippen hab ich ja noch hingekriegt. Aber wo der Benzingeruch herkam, ist mir erst klar geworden, als die Nachbarin auf den Balkon ist, um eine zu rauchen. Dort stand ein halb verrostetes Motorrad, eine alte Enduro mit Kickstarter und schwarzroten Felgen, an der Moki heimlich herumgeschraubt haben muss. Das dachte ich zumindest im ersten Moment. Basti hat sich dann mit aufs Sofa gesetzt, während ich mich an die Tür gelehnt und der Alten beim Rauchen zugeschaut hab. Irgendwie war das schon eine merkwürdige Situation. Echt abgedreht, wenn Sie mich fragen. Wir beide und die kleinen Schwestern, die wie Prinzessinnen auf dem Wohnzimmerteppich saßen und aus dem restlichen Reis kleine weiße Prinzen geknetet haben. Zum Totlachen. Das hätte unsere Mutter mal sehen sollen!

Allzu lange konnte es ja nicht dauern, bis Moki nach Hause kommen würde, hab ich irgendwann gedacht. Dann hat es doch noch ganz schön lange gedauert, und wir sind fast schon ohne ihn los. Die Nachbarin hat uns Cola angeboten, und mir war schon ganz schwindlig von dem Zeug. Aufs Klo gehen wollte ich dort aber auch nicht. Zum Glück war Moki irgendwann da. Plötzlich stand er in der Tür, als wäre nichts gewesen. »Tut mir leid«, hat er gesagt. »Musste noch ein Ersatzteil für den Höllenofen besorgen.« Ich weiß noch genau, wie er dabei so breit gelacht hat wie der Vater auf dem Foto. Dann hat er auf das Motorrad auf dem Balkon gezeigt und eine Plastiktüte mit einem riesigen Metallblock durch die Luft geschwenkt. »Vom Schrottplatz«, hat er nur gesagt. Keine Ahnung, wie Basti und ich da geglotzt haben. Muss aber ziemlich komisch gewesen sein. Jedenfalls hat die Nachbarin den Fernseher ausgeschaltet und uns angegrinst, dass man die gelben Zähne bis zum Zirkus hätte sehen können. Dann hat sie ihren Arm auf Bastis Schulter gelegt und wie blöd gebrüllt: »Ein Haufen Schrott zum Fahren. Oder um sich den Hals zu brechen!« Na, für eine Blitzsekunde hatte ich echt Schiss, dass die bei dem ganzen Gegrinse an ihrer Scheißzigarette erstickt.

6. PROTOKOLL

BASTI als ich vorhin gesagt habe, moki sei verrückt ... das ist nicht ganz richtig ... manchmal glaube ich, er ist total durchgeknallt ... muss es immer drauf anlegen ... das kann manchmal knapp werden, ziemlich knapp ... die sache mit dem motorrad war schon ... davor haben wir aber schon einige andere dinge ... habe ich noch niemandem erzählt ... sachen, die man tut, um sich lebendig zu fühlen und so weiter, wie joss meint ... können gut gehen oder eben nicht ...

angefangen hat alles mit dieser aktion ... mit den geheimnummern ... damals sind wir öfter zur tanke draußen an der landstraße ... moki kannte jemanden dort ... der hat uns mit cola oder süßkram versorgt ... und als wir einmal etwas länger dort waren, hatte er die idee mit den geheimnummern ... dauernd kamen irgendwelche leute rein, die mit ihrer ec-karte bezahlt haben ... und dafür mussten sie ja ihren pin in diesen apparat ... moki hat sich daneben gestellt und direkt nach dem eintippen vier zahlen rausgeschrien: »4 – 8 – 3 – 1 ...!« so ... oder so ähnlich ... war sehr lustig ... die leute total unterschiedlich ... manche haben sich schnell weggedreht ... portemonnaie festgehalten ... rausgerannt ... andere sind total rumgeflippt ... was das denn solle ... daraufhin hat der nur ... von wegen neuer service der tankstelle ... wenn die geheimnummern irgendwann flötengingen, könnten sie ihn jederzeit anrufen ... er wisse sie dann ja ... wie gesagt: ziemlich lustig ... selbst mokis bekannter ... der mit der cola und den süßigkeiten ... hat mitgemacht und sich weggeduckt, als hätte er nichts mitgekriegt ... als wäre er gar nicht da ...

einmal gab's aber stress übelster art ... die tanke recht voll ... da haben bestimmt drei leute schlange ... gewartet ... dann hat einer seine nummer falsch eingegeben ... das konnte ja keiner wissen, keiner ... moki hat natürlich wieder vier zahlen ... konnte jeder hören ... der mann hat aber vollkommen die nerven ... und auch beim zweiten und dritten mal war die nummer falsch ... die karte war irgendwann gesperrt ... und dafür hat er moki ... hat ihm damit gedroht, ihn anzuzeigen ... schadenersatz, schmerzensgeld und so weiter ... das war natürlich blödsinn ... ein schaden ist ja nicht entstanden ... schmerzen auch nicht wirklich ... trotzdem war dann erst mal ende ... mokis bekannter hat uns gebeten, dort nicht mehr aufzutauchen ... wegen seines jobs ... und soweit ist selbst moki nicht gegangen ... nicht mal der ...

na ja, war schon ziemlich knapp ... das alles ... aber irgendwie ist moki damit auf den geschmack ... hat sich gleich die nächsten sachen für uns ausgedacht ... »abenteuer« hat er es genannt ... für joss und mich ... so eine art mutproben, um zu zeigen, wie weit wir ... nicht so was wie regenwürmer durchs duschsieb drücken ... oder bierdosen aus dem supermarkt klauen ... andere dinge eben ... war wie ein wettbewerb ... ich glaube, wenn das mit dem motorrad nicht gekommen wäre ... wir hätten uns noch viel mehr ... keine ahnung, was sonst noch alles ... von daher bin ich ganz froh, dass das etwas runtergekocht ist ... wobei auch das nicht so ganz stimmt ... denn schon die maschine auf dem balkon ... krass übel ... und ohne die wären wir ja nie aufs fabrikgelände ... niemals ... und auch alles andere wäre wohl kaum passiert ... aber da waren wir ja selbst schuld, dass es soweit gekommen ist ...

7. PROTOKOLL

JOSS Zwei Tage später haben wir die Kiste geholt. Mit dem Aufzug runter ins Rentnergeschoss. Parterre. Und von da an waren wir mobil, ich meine richtig mobil. Natürlich hatten Basti und ich die Räder, ein Motorrad ist aber gleich eine ganz andere Liga. Und ich glaube, jeder aus der Schule hätte uns darum beneidet, wenn er gewusst hätte, mit was wir alles am Start waren. Als Moki fertig war mit schrauben, hatten wir nicht nur den Zirkuswagen am Fluss, sondern auch einen japanischen Sushi-Dreher mit 100 000 Kubik und mindestens genau so vielen technischen Mängeln, mit dem wir nach überallhin unterwegs sein konnten. Natürlich durften wir das nicht, keiner von uns. Moki ist zwar schon fast 16, einen Führerschein hat er deswegen noch lange nicht. Brauche er nicht, hat er gesagt. Ein paar Runden um den Block, und zack hat man's raus. Hier kontrolliere doch eh keiner.

In der Prärie mag das so sein, hab ich gedacht. Bei Mokis Leuten zu Hause in Buschland. Aber bei uns ist doch alles ein wenig anders. Geregelter, oder? Jedenfalls wollte ich gleich selbst mal fahren. Moki meinte allerdings, ich sollte mich erst mal hinten draufsetzen. Eingewöhnung und so weiter. Basti war da schon etwas mehr Angsthase und wollte nicht mal in die Nähe, am Anfang. Heute fährt er ja wie ein Großer, das hätte ihm vor ein paar Wochen aber keiner zugetraut.

Na ja, am ersten Tag haben wir ein paar Runden durch die Siedlung gedreht, Moki und ich. Und ich dann allein. Zwischen den Wohnblocks oben an den Gleisen gab's mal so was wie einen Grünstreifen. Zumindest war da mal einer. Verfluchte Scheiße, der Japse war echt schräg. Ich glaube, Moki muss da mächtig am Gashahn oder am Auspuff gebastelt haben, um noch ein paar PS mehr rauszuholen. Auf jeden Fall konnte ich das Teil kaum halten.

Die ersten paar Mal hab ich den Motor ratzfatz abgewürgt. Ich hab's mit den Gängen und dem Gas einfach nicht hinbekommen. Dann bin ich im Kriechgang über den Grünstreifen. Zeitlupe. Moki hat hintendrauf gesessen und die Krise gekriegt, denn der Motor war tierisch laut und ist heiß gelaufen. Als ich es dann mit dem Schalten besser raushatte, hat er mich alleine fahren lassen. Und das war ein Höllengefühl, kann ich Ihnen sagen! Immer zwischen den Wohnblocks hin und her, zweiter Gang, dritter. Bis ich mich dann in einer Kurve hingelegt hab. Einfach weggerutscht. Mein Ellbogen hat höllisch wehgetan, und die anderen drumrum sind vor Lachen reihenweise krepiert. Aber egal. Am nächsten Tag wollte ich wieder rauf. Doch Moki hat gesagt, wir sollten dort besser nicht mehr fahren. Irgendeiner dieser scheintoten Penner aus dem Hinterhaus wollte wohl seine Ruhe und hat gedroht, Mokis Mutter anzuzeigen. Da sei es besser, sich ein neues Revier zu suchen. Irgendwo draußen, wo uns keiner zuschauen könnte.

Moki hatte dann die Idee mit der alten Metallfabrik, die nur ein paar Kilometer oberhalb vom Zirkus liegt. Flussaufwärts, Sie wissen schon. Das Gelände ist zwar eingezäunt. Aber unten an der Flussseite ist der Zaun ziemlich stark beschädigt, und wir haben ihn einen Spalt breit zur Seite gebogen, damit wir mit dem Motorrad und unseren Rädern durchkonnten. Ich bin vorher noch nie in der Gegend gewesen und hab mich gefragt, woher Moki davon wusste. Oder auch: warum ich nichts davon wusste. Wie auch immer, Überraschungen sind ja sein Spezialgebiet.

Na, das Fabrikgelände war der perfekte Ort, um nicht aufzufallen. Dort war in letzter Zeit niemand mehr gewesen, mit Sicherheit. Die Hälfte der Gebäude sind Ruinen, und man hat dieses Gefühl, irgendwo auf dem Mond gelandet zu sein. Das gesamte Gelände voller Krater und Hügel. Und direkt vor der hinteren Lagerhalle ein Mount Everest aus kaputten Autoreifen, bestimmt zehn Meter hoch. Gleich daneben liegt das Wrack dieses 50er-Jahre-Trucks. Und

Mann, ich möchte echt mal wissen, wer den so zu Schrott gefahren hat. Na ja, der Motorblock war jedenfalls nicht mehr vorhanden, und die Ladefläche hinten ist längst vollkommen durchgerostet.

Natürlich konnte immer nur einer mit dem Japsen fahren, während die anderen entweder mit dem Rad hinterher sind oder zugeschaut haben. Irgendwann hat sogar Basti mitgemacht, aber nur langsam, was mir auch lieber war. Schließlich hätten unsere Eltern mit Sicherheit mächtig Stress gemacht, wenn ihm etwas passiert wäre. Können Sie sich ja vorstellen, was ich daheim zu hören bekommen hätte!

Na, beim zweiten Mal haben wir eins dieser losen Stahlbleche auf ein paar Autoreifen gelegt, und zack hatten wir den perfekten Kicker, mit dem man bis über den Himmel springen konnte. Höllengefährlich. Und wenn ich jetzt darüber nachdenke, ist es ein Wunder, dass sich keiner von uns ernsthaft verletzt hat, zumal wir nur unsere Fahrradhelme hatten – und Moki seinen Cowboyhut. Der hat sich einmal überschlagen, bei einem seiner 360°. Und wir haben gedacht, er hätte sich sonst was gebrochen. Doch keine halbe Minute später sitzt er wieder auf dem Teil und fährt weiter. Nur ein paar Schrammen – und er hat es gleich noch einmal probiert. Replay. Endlosschleife. Ab da ohne hinzupacken. Wir konnten einfach nicht genug kriegen. Vor allem Moki nicht. Und irgendwie hat er uns immer angesteckt mit seiner guten Laune.

Ich glaube, das war sein eigentliches Prinzip, diese scheißgute Laune. »Wenn man weiß, dass das Glück jeden Tag neu mit der Gießkanne ausgeschüttet wird«, hat er gesagt, »macht es wenig Sinn, die ganze Zeit mit Regenschirm durch die Gegend zu laufen.« Keine Ahnung, aus welchem Jahrtausend er diesen bescheuerten Kalenderspruch hatte, im Kern hatte das aber was. Wenngleich etwas weniger von allem uns bestimmt ganz gut getan hätte – und dann wäre es wahrscheinlich nie so weit gekommen. Das ist, was ich meine: Man weiß nie, was zuerst war, und ob nicht das, was danach kommt, nicht passiert wäre, wenn das davor nicht gewesen wäre. Oder anders eben. Wie auch immer. Lässt sich sowieso nicht mehr zurückdrehen. Und als wir am Mittwoch wieder auf dem Fabrikgelände waren und die ersten Sprünge gemacht haben, war klar, dass von da an alles anders wird, komplizierter. Denn anschließend sind wir von diesem Kran gesprungen. Und dann haben wir die Kiste mit dem Dope gefunden, aber das kommt ja erst danach.

8. PROTOKOLL

JOSS Morgens waren wir erst in der Schule – ist schließlich noch ein bisschen hin bis zu den Sommerferien. Und Basti hatte richtig Stress wegen der Physikarbeit, die er total verbockt hat. So wie Moki auch, doch bei Basti ist das was anderes. Ich weiß manchmal wirklich nicht, was mit ihm los ist. Redet nicht, träumt nur – selbst tagsüber. Kopfkino, auf zehn Bildschirmen gleichzeitig. Na ja, ein Mangel an Fantasie kann man ihm jedenfalls nicht vorwerfen, auch wenn das für seine Noten nicht immer das Allerbeste ist und unsere Leute daheim ziemlich aggro machen kann. So wie halt die klemmende Schublade oder ein knallvoller Mülleimer.

Zu Hause hatten wir es jedenfalls ziemlich eilig und haben schnell was gegessen. Dosenravioli oder vom Wochenende aufgewärmte Kohlrouladen, so genau weiß ich das nicht mehr. Danach sind wir zu Moki, um ihn abzuholen. Der ganze Tag war verdammt schwül, wenn Sie sich erinnern. Die Mücken am Fluss unten haben Extrarunden gedreht. Und uns ist schon heiß gewesen, als wir aufs Rad gestiegen sind. Wie immer ging's zuallererst zum Zirkus, um nach dem Rechten zu sehen, über Mädchen zu quatschen oder einfach etwas abzuhängen.

Na ja, das mit dem Über-Mädchen-Quatschen ist mit Moki gar nicht so einfach. Und das liegt bestimmt nicht an Elín. Das war schon vorher so. Ich meine, er ist größer als ich und durchtrainiert und kommt, glaube ich, ziemlich gut rüber. Was Mädchen angeht, ist er aber verdammt zurückhaltend. Vielleicht auch wählerisch, wie Basti sagt. Zum Beispiel dieser Hollister-Nerd aus der 9., eins über mir. Der ist seit ein paar Wochen mit dem mit Abstand hübschesten Mädchen der ganzen Schule zusammen. Ich hab mich immer gefragt, wie man wohl sein muss, um so eine abzukriegen. Moki hat das überhaupt nicht interessiert. Er hat nur gemeint, ich solle bloß nicht auf falsche Gedanken kommen, von wegen Freundin oder so. »Wieso hübsch?«, hat er gesagt. Die Tante sei doch nicht mal schwarz.

Ich weiß nicht, ob er das wirklich so gemeint hat. Jedenfalls war damit das Thema vom Tisch, wenigstens für ihn. Und wir haben nicht weiter drüber geredet. An dem Tag sind wir sowieso nicht dazu gekommen. Zu viel anderes ist passiert. Ich weiß noch, dass auf dem Campingplatz nebenan die Hölle los war. Moki wäre mit dem Motorrad fast in einen Holländer, der mit seinem Wohnwagen hinter der Weggabelung einparken geübt hat. Rechts geht es ab zu den Zeltnomaden. Und links davon über das Feld vom einäugigen Emmerich direkt zum Mississippi. Also zu uns. Den genauen Weg kann man nur schwer beschreiben, denn es gibt keinen echten Weg, außer dem vom Haus des Einäugigen natürlich. Ansonsten ist da nur der Stichweg, von dem 10 000 weitere Dschungelpfade abgehen, die alle mehr oder weniger mit Brombeerhecken und Dornensträuchern zugewuchert sind. Der reinste Urwald, kann ich Ihnen sagen. Na, es ist wirklich schwer, uns zu finden, wenn man sich nicht auskennt. Deshalb hat sich auch nie ein Angler oder einer vom Campingplatz zu uns verirrt. Vielleicht mal eine streunende Katze oder ein paar Kaninchen.

Ich glaube, man hätte stundenlang in dem Gestrüpp suchen können, ohne uns zu entdecken, wenn man keine Idee hat, wo man anfangen soll zu suchen. Wir sind im letzten Sommer nur zufällig auf dieses Versteck gestoßen, als Moki ausprobieren wollte, wie weit man mit einem dieser aufblasbaren Planschbecken kommen kann. Wir hatten noch eins von früher, als Basti und ich klein waren, und unser Vater hat uns erlaubt, es mitzunehmen. Wozu – das hat er zum Glück nie gefragt. Na, weit sind wir nicht damit gekommen. Das Teil stand sofort unter Wasser, obwohl nur Basti dringesessen hat, und wir sind mehr den Fluss runtergetrieben als gepaddelt.

Beim Emmerich sind wir dann rausgekommen, wovon wir damals natürlich keine Ahnung hatten. Wie Sie vielleicht wissen, gehört dem das halbe Land bis runter zur Uferböschung. Der hat ein Dutzend Kühe dort laufen, sonst nichts. Bis auf den Esel, der genau wie der Emmerich auf einem Auge blind ist. Bei Menschen sagt man ja oft, dass sie ihren Haustieren mit der Zeit immer ähnlicher werden, zum Beispiel ihrem Hund. Beim Emmerich war das mit ihm und dem Esel so. Er ist bestimmt über 70, der Einäugige – Autounfall irgendwann nach dem Krieg. Und seitdem trägt er diese Augenklappe, was ziemlich unheimlich aussieht. Vor allem im Dunkeln. Dabei lässt er den Kopf hängen genauso wie sein Graumann – was für ein Bild! Der hat uns natürlich gleich entdeckt, als wir mit dem Planschbecken aufgekreuzt sind. Ihm wäre das egal, hat er gesagt, und wir könnten bleiben, solange wir seine Viecher nicht verrückt machen würden – und das haben wir natürlich nicht vorgehabt, nicht einmal Moki hatte das.

Vielmehr war uns sofort klar, dass die kleine Bucht mit dem Zirkuswagen der perfekte Ort war, um sich ein gemeinsames Quartier einzurichten. Ein Headquarter sozusagen, top secret. Und es hat uns am nächsten Tag bestimmt eine doppelte Ewigkeit gekostet, bis wir den Ort von der Straße aus wiedergefunden haben. Na, jedenfalls war der Zirkus von da an unser Treffpunkt, den quasi nur wir kannten. Und er wäre es bestimmt heute noch, wenn nicht so ein paar andere Dinge passiert wären.

Wie gesagt, die Woche über war es ja höllisch heiß. Und wir sind sofort ein paarmal in den Fluss gesprungen, um uns abzukühlen. Dort unten haben wir auch eine Schaukel, mit der man im Stehen ziemlich hoch auf den Fluss rauskann. Frontflips, Backflips, Supermans. Das ganze Programm. Akrobatik pur, nur ohne Räder, wenn Sie sich das vorstellen können. Die Strömung ist an dieser Stelle jedenfalls nicht allzu stark, und irgendwelche Felsen kann man im Flussbett auch nicht erkennen. Ausreden gelten also nicht. Trotzdem tut es immer wieder höllisch weh, wenn man falsch aufkommt. Mit dem Bauch zum Beispiel oder direkt mit dem Rücken.

Wir waren an diesem Nachmittag bestimmt eine Stunde lang am Fluss. Jeder von uns ist mindestens zehnmal verkehrt aufgekommen. Und ich weiß noch, wie rot mein rechter Oberschenkel war, als ich irgendeinen Sprung mit halber Drehung versemmelt hab. Verfluchte Scheiße. Bei Moki konnte man nie etwas erkennen, wegen seiner Hautfarbe. Dabei ist er bestimmt genauso oft aufs Wasser geklatscht wie wir. Man kann es höchstens an seinem Gesicht ablesen, wie sehr es ihn erwischt haben muss, wobei er sich immer alle Mühe gibt, sich nichts anmerken zu lassen. »Wie Peitschenhiebe«, sagt er dann. So als müsste er sich ständig selbst antreiben. Oder uns.

Na ja, es muss so gegen 4 oder 5 gewesen sein, als wir endlich aufgebrochen sind. Das war dann nicht mehr ganz so heiß wie noch ein paar Stunden vorher. Vielleicht hat es auch an unserem Bad gelegen, dass die Hitze nicht mehr ganz so schlimm war. Jedenfalls sind Basti und ich dann los. Moki ist zu Fuß bis zur Straße zurück, weil er den Japsen immer vorne stehen lässt, um nicht die Büffelherde zu verschrecken, also die Kühe vom Emmerich. Mit den Rädern waren wir sowieso langsamer, und er hat uns kurz vor der Fabrik eingeholt. Zusammen sind wir das letzte Stück über diese alte Holzbrücke bis hin zur Zaunlücke. Ich weiß noch, dass weit und breit niemand zu sehen war. Keine Menschenseele. Der Tank war noch halbvoll. Und wir haben uns wie blöd darauf gefreut, dort richtig Gas zu geben.

9. PROTOKOLL

BASTI hab alles mit dem smartphone aufgenommen ... eigentlich gehört es joss ... aber das filmen war meine aufgabe ... gerade bei unseren sprüngen ... ins internet haben wir nichts ... weder auf facebook noch auf youtube oder irgendeiner dieser biker-seiten ... das war uns viel zu unsicher, da schaut ja die halbe welt zu ...

nein, die clips waren nur für uns ... um zu sehen, wie gut wir waren ... oder vielmehr wie mies, wie moki immer gemeint hat ... aber das hat er nur gesagt, um uns anzutreiben ... bestimmt ...

das mit den geheimnummern habe ich ihnen ja schon ... doch da war noch mehr ... die tankstellensache damals am anfang ... das war einzig und allein mokis ding ... joss und ich mussten danach ran ... ein paar tage später ... in unserer gegend gibt's eine menge vorgärten ... haufenweise blumenbeete ... und joss hatte die aufgabe, aus einem garten die blumen ... na ja, er musste sie abschneiden und den anderen nachbarn verkaufen ... das war nicht ganz einfach ... wir haben gewartet, bis einer dieser familienschlitten weg war ... frau mit zwei kindern ... bis wir sicher sein konnten, dass dort niemand mehr ... moki und ich haben schmiere gestanden ... heißt doch so, oder ...? an dem tag war es so heiß, dass sonst keiner draußen war ... alle im haus, zum glück ...

als joss fertig war, war der halbe garten kahl ... krass übel rasiert ... anschließend haben wir daraus ein paar sträuße gebunden ... und joss ist damit von tür zu tür ... hat etwas von spenden für irgendeine pfadfinderfreizeit erzählt ... oder so ... das hat gezogen ... er hat tatsächlich fünf sträuße losbekommen ... hatte nur noch einen ... dann hat er an einem haus geklingelt, das überhaupt keinen vorgarten ... da war nur eine hecke und dahinter ein dutzend gartenzwerge ... auf den pflastersteinen ... ich hatte schon ein blödes gefühl ... und plötzlich tauchte dort der kruschka auf ... in der tür ... unser mathelehrer ... moki und ich sind sofort runter ... der kruschka muss ihn aber an seinem cowboyhut ... ich muss dazu sagen, dass moki nicht gerade zu seinen lieblingsschülern und so weiter ... genauso wenig wie ich ... aber mokis verhältnis zum kruschka ... das war noch ein wenig spezieller ... angespannter ...

als der kruschka nun moki vor seiner haustür ... der ist ziemlich erschrocken ... hab nur darauf gewartet, dass er ausrastet, uns zur Rede stellt ... woher wir überhaupt seine adresse ... wäre wahrscheinlich auch genauso gekommen, wenn nicht joss schnell geschaltet hätte ... der hat sofort kapiert, wer da vor ihm ... und dass es da mit moki und dem kruschka ein paar probleme ... statt der nummer mit den pfadfindern hat er ihn krassfreundlich begrüßt ... ihm die blumen in die hand gedrückt ... »die sind von moki«, hat er gesagt ... als entschuldigung fürs zuspätkommen und so weiter ... moki habe nur nicht so viel mut gehabt, die blumen persönlich ... deshalb habe er das übernommen ...

das hat der kruschka tatsächlich geschluckt ... war vollkommen gerührt ... vielleicht, weil ihm die gartenzwerge peinlich waren ... hat nur »danke« rausgebracht ... der wusste nicht viel mehr zu sagen ... und dass moki nicht genug mut gehabt hätte ... sei nur allzu verständlich ... bei solchen dingen habe selbst er immer einen kloß im hals ...

auf dem weg zurück haben wir uns totgelacht ... nur moki ... der war ziemlich angefressen ... das mit dem fehlenden mut hätte joss nicht ... schon gar nicht gegenüber dem kruschka ... ich glaube, das hat ihn tatsächlich beschäftigt ... dass leute von ihm denken könnten, dass er feige ... genau das gegenteil wollte er uns beweisen ... mit dieser klettertour auf dem alten fabrikgelände ... kam dann ja als nächstes ... sozusagen als revanche, wenn man so will ...

10. PROTOKOLL

JOSS Zuerst waren wir auf dem Kicker. Und erst später haben wir die Krananlage gefunden. Moki hat zwischendurch ein paar Runden um die alten Werkshallen gedreht, die man eigentlich nicht mehr betreten darf. Einsturzgefahr und so weiter. Vor einer der Hallen gehen jedenfalls ein paar Schienen ab, die direkt runter zum Fluss führen. Für irgendwelche Güterzüge, die dort früher lang sind. Wie gesagt, wir waren vorher erst zwei-, dreimal auf dem Gelände gewesen und haben uns noch nicht wirklich gut ausgekannt. Aber als wir auf die Schienen gestoßen sind, mussten wir natürlich rausfinden, wohin die gehen, ist ja klar. Und Moki ist dann mit dem Japsen vorgefahren, Basti und ich auf den Rädern hinterher. Und dort war diese Krananlage, hinter den Büschen. Normalerweise hätten wir die längst sehen müssen, doch da war alles zugewuchert. Dickicht pur. Hätte mich nicht gewundert, wenn wir auf ein paar Leichen gestoßen wären. Abgelegen ist es ja, hat Moki später gesagt, und wenn er Mafia-Boss wäre oder irgendein anderer Killer, genau dorthin würde er seine geschäftlichen Aktivitäten verlegen.

Leichen waren aber nicht da, definitiv nicht. Als wir bei Moki waren, hat der das Motorrad abgestellt und nach oben gezeigt – auf diesen rostigen Kran. Ich wusste erst gar nicht, was er meinte. Doch dann war mir klar, was er vorhatte – und dass er da hochwollte. Und nicht nur er. Basti und ich sollten natürlich mit. Das mit der Schaukel am Zirkus war ja eine tolle Sache. Und wenn man es gut meint, kann man vielleicht zwei Meter hoch über der Wasseroberfläche abspringen. Das dort auf dem Fabrikgelände war allerdings ein ganz anderes Kaliber. Der Werkshafen ist nicht besonders riesig, wie Sie vielleicht wissen, aber es reicht, damit eines dieser Frachtschiffe anlegen kann. Und ganz gleich, wie klein oder wenig bedeutend diese Anlegestelle früher auch gewesen sein mag, der Kran ist noch immer mächtig, übermächtig. Wie ein Monsterkrake, könnte man meinen – von Weitem. Der Krakenarm hat halb über den Fluss geragt, in 15 oder 20 Meter Höhe – na, den Kopf konnte man sich jedenfalls nicht stoßen. Moki wollte natürlich sofort rauf, da kannte er nichts. Der hat sich den Hut, sein Shirt und die Shorts ausgezogen und war schon fast oben, als mir Basti zugenickt hat, dass er es auch versuchen wollte. »Wenigstens auf die Plattform«, hat er gesagt. »Runterklettern können wir immer noch.« Das hat er zwar gesagt, daran geglaubt hat er mit Sicherheit nicht. Wenn Moki springen würde, würden wir es alle tun. Tun müssen. Zwangsläufig. Einer für alle, alle für einen, geteilter Schmerz ist halber Schmerz – und so weiter.

Moki ist natürlich vorne weg, bis zum Ende dieses Krakenarms. Dann ich und hinter mir Basti. Ich hab versucht, nicht mehr daran zu denken, wie scheißgefährlich das ist, was wir da vorhatten. Und irgendwie ist mir das auch gelungen, ein bisschen wenigstens. Ich hab nur auf Moki geschaut, der schon ganz am Ende dieses Arms saß und die Beine baumeln ließ.

Als ich bei ihm war, hab ich mich kurz umgesehen. Und man muss sagen, von dort oben kann man den kompletten Fluss überblicken. Zum Glück war nicht allzu viel los. Ein Frachter war schon vorbei, und zwei andere kamen fast nebeneinander mit ziemlich Tiefgang den Fluss hoch, in Zeitlupe. Wasserschneckenrennen. Andere Boote waren nicht zu sehen. Kein Segler und keins dieser Sportschiffe, die bei uns am Zirkus manchmal vorbeiheizen. Und das hieß, dass uns niemand beobachten konnte, was andersherum vielleicht besser gewesen wäre. Im Nachhinein.

Basti ist, glaube ich, nicht ganz schwindelfrei, und der saß da oben hinter mir und hat sich nur an dem bisschen Geländer festgeklammert. Kreidebleich. Für einen Moment hab ich gedacht, er schafft das schon. Eine Blitzsekunde später hat er aber wieder Nasen-Pipi bekommen. Nur zurück und wieder runterklettern wollte er auch nicht. Moki hat das nicht wirklich interessiert. »Kopf nach vorne!«, hat er gerufen, ausbluten lassen und weiter. Anschließend ist Moki langsam aufgestanden und hat die Arme zur Seite gestreckt, als wollte er fliegen. »Mann, wenn die da unten nicht mal ihren kompletten Maschinenpark versenkt haben«, hat er gesagt. »Müsste man sich mal ansehen, oder?« Der war wirklich durchgeknallt, kann ich Ihnen sagen. Dann hat er ganz lässig auf die beiden Kähne gezeigt, die noch immer bestimmt über 400 Meter von uns entfernt waren, und gemeint, dass das dort oben doch endlich mal eine angemessene Bühne wäre, um das vorzuführen, was wir wochenlang unten am Zirkus mit der Langweilerschaukel geübt hätten. Und Angst sei jetzt genauso wenig angebracht, höchstens ein bisschen Lampenfieber – angesichts des erlesenen Publikums.

Und zack ist er gesprungen. Nun, nicht einfach so. Er stand kerzengerade, dass man jeden einzelnen Muskel sehen konnte. Zwei, drei Sekunden, ganz still vor uns in dieser unendlichen Höhe. Dann hat er sich nach vorne abgedrückt und einen Rückwärtssalto gemacht, einen Überschlag nach hinten! Na ja, etwas mehr sogar. Er hat sich ziemlich überdreht, glaube ich, und es muss höllisch weh getan haben – am Rücken oder wo auch immer er aufgekommen ist. Peitschenhiebe und so weiter. Ich hab nur darauf gewartet, dass er auftaucht und wir ihm von oben zurufen konnten, wie grandios schlecht sein Sprung doch gewesen ist, und dass er erst mal üben solle, bevor er seinem Publikum so etwas zumutet. Das wollte ich ihm zurufen. Das und noch ein paar andere Nettigkeiten. Aber er ist nicht mehr aufgetaucht. Er war weg, einfach so. Wir haben wie blöd auf das Wasser geglotzt. Basti und ich. Sekundenlang. Eine Minute. Nichts. Der Mississippi hatte ihn verschluckt. Das blöde Arschloch kam einfach nicht mehr hoch. Und wir saßen da oben und wussten nicht, was wir machen sollten.

11. PROTOKOLL

BASTI ich glaube, zusammen macht man manchmal dinge, die man alleine nie ... so war das auch mit diesem kran ... an der seite bin ich diese wendeltreppe hoch ... das geländer war ganz warm von der sonne ... mir war schon schwindlig, bis ich oben war ... das aufsteigen war aber nicht das problem ... richtig schlecht ist mir erst geworden, als wir dort auf der plattform ... wir zu dritt auf diesem verrosteten kranarm ... halb nackt ... links und rechts kaum etwas zum festhalten ... und unter uns hat sich der boden gedreht ... man darf nicht runterschauen, hab ich mal gehört ... nicht runterschauen ... das ist aber unmöglich ... natürlich muss man ... und dieses gefühl im bauch ... das bringt einen fast um ...

ich hab nur runtergestarrt aufs wasser ... was wohl passieren würde, wenn man falsch aufkommt, hab ich überlegt ... oder wenn die stelle gar nicht so tief ... nicht so, wie es von oben scheint ... moki hat gemeint, das sei alles quatsch ... ich solle mich nicht so anstellen ... dort hätten früher frachtschiffe ... also müsse die stelle ja wohl tief genug sein ... sofern da nicht wirklich irgendwelche maschinenteile ...

allein die vorstellung ... ich wollte einfach nur zurück ... die nase ... hat nicht aufgehört ... das ganze blut ist mir über den arm ... wahrscheinlich hätte ich es sogar getan ... zurückzugehen ... ganz egal, was moki und joss von mir ... na ja, ganz egal war es ehrlich gesagt nicht ... vor allem nicht moki gegenüber ... kam dann ja auch ganz anders ... viel, viel übler ... was hat denn joss dazu gesagt ...?

12. PROTOKOLL

JOSS War ja klar, dass wir da runtermussten. Wenn wir Moki retten wollten, und das wollten wir natürlich, durften wir keine Zeit verlieren. Keine Sekunde. Wir mussten hinterher. Und wenn ich springen würde, würde Basti auch springen, keine Frage. Mein kleiner Bruder. Mann, hatte ich Panik. Aber kneifen war nicht.

Natürlich bin ich nicht extra aufgestanden wie Moki und hab einen auf Show gemacht. Vielmehr hab ich mich seitlich an dem Krakenarm runtergleiten lassen, um dem Wasser so nah wie möglich zu kommen. Basti hat es genauso gemacht – auf der anderen Seite – und wir hingen da oben wie zwei Affen, die zu blöd zum Klettern waren. Dann hab ich von 3 rückwärts gezählt, Countdown, und bei null haben wir beide losgelassen. Ein Scheißgefühl, sag ich Ihnen. Wir sind zeitgleich ins Wasser, mit den Füßen zuerst. Und zum Glück kamen wir ziemlich gerade auf, sodass es nur an den Fußsohlen gebrannt hat und nicht am ganzen Körper. Allerdings ist mir das Wasser in die Nase geschossen, dass es mir die halbe Schädeldecke weggepustet hat und ich im ersten Moment gar nicht wusste, wo ich war.

Das war aber nur Teil 1. Wie sollten wir jetzt Moki finden? Und wo? Basti hat angefangen, wie blöd nach ihm zu rufen. Doch was hatte das für einen Zweck, wenn er unten auf dem Grund lag und nicht mehr hochkonnte? Wir mussten nach ihm tauchen. Deshalb sind wir beide runter, ohne Ergebnis. In der trüben Brühe konnte man keinen Meter weit blicken. Doch was hätten wir tun sollen? Wir sind ein paarmal abgetaucht, ohne irgendwas finden zu können. Bis ganz runter bin ich sowieso nicht gekommen, dafür war das Flussbett viel zu tief. Basti auch nicht. Und als wir nach dem dritten oder vierten Mal wieder hochgekommen sind, ist mir erst aufgefallen, wie weit wir schon vom Ufer weg waren, von diesem verfluchten Kran. Bei uns unten am Zirkus ist die Strömung nur halb so stark, mit Sicherheit. Aber da hat es uns voll mitgerissen.

Basti war direkt in meiner Nähe, und wir waren beinahe auf gleicher Höhe mit den Frachtschiffen, die ja den Fluss hochgekrochen kamen, direkt auf uns zu. Wir mussten schnellstmöglich wieder zurück zum Ufer. Moki im Mississippi suchen war wie die Suche nach der Nadel im Heuhaufen. Vollkommen aussichtslos. Außerdem waren wir viel zu weit abgetrieben. Basti ist der menschgewordene Nemo. Doch selbst der hatte Probleme, gegen die Strömung anzuschwimmen. Irgendwie sind wir immer weiter in die Flussmitte gezogen worden. In die Fahrrinne. Und da kamen ja diese beiden Frachter, die von uns erst mal überhaupt nichts mitbekommen hatten. Vielleicht waren die Typen am Steuer ja eingeschlafen, bei dem Tempo. Ich zumindest hatte die totale Panik. Die sind immer näher gekrochen, und wir waren mitten auf dem Fluss und haben wie wild gebrüllt. Im letzten Moment müssen die uns dann gesehen haben, denn einer ist nach rechts abgedreht, der andere nach links. Und von der Brücke aus haben uns die Typen angebrüllt, als hätten wir ihnen die Kähne versenken wollen.

Ich hab keine Ahnung, wie wir das dann geschafft haben, zurück ans Ufer zu kommen. Es war jedenfalls eine Menge Arbeit. Und ich war vollkommen ralle von dem ganzen Wasser, das wir schlucken mussten. Mann, ich glaube, Basti war genauso geplättet wie ich, obwohl er ja der beste Schwimmer aller Zeiten ist, mit Abstand. Ich bin ein paar Schritte die Böschung hoch und hab mich einfach nur ins Gras fallen lassen.

Und keine halbe Minute später hab ich hinter mir gehört, wie jemand gefragt hat, ob wir einen netten Badeausflug gehabt hätten. Moki, wer sonst? »War echt unterhaltsam, euch zuzusehen«, hat er gesagt und dabei blöd gegrinst. Der lag der Länge nach im Gras, den

Cowboyhut nach hinten, hat ziemlich lässig auf einem Strohhalm gekaut und ein paar Mücken totgeschlagen. Den Japsen hatte er ein paar Meter weiter unter den Bäumen abgestellt, und mir war klar, dass er uns die ganze Zeit beobachtet haben muss, vom Ufer aus. Dieses Arschloch! Ich hätte ihn umbringen können. Basti hat vor sich hin geflucht, und ich hab versucht, Moki klarzumachen, dass wir nur wegen ihm in diesen verdammten Fluss gesprungen seien, dass wir fast mit dem Frachter kollidiert wären, und dass man untereinander solche beschissen blöden Späße gefälligst bleiben lassen sollte.

Darauf hat er gemeint, dass er erstens niemanden um Hilfe gerufen habe. Und dass ihm zweitens noch immer der halbe Rücken wehtue. Da hätten wir es ja etwas mädchenhafter angehen lassen. »Drittens sind schon genug Niggerleichen den Mississippi runter«, hat er gesagt, »da braucht es nicht noch eine weitere. Trotzdem, Respekt für den Einsatz! Und aus Dankbarkeit hab ich eine Überraschung für euch, eine kleine Schatzkiste.« Dann ist er aufgesprungen und direkt zum Motorrad gelaufen. Und wir mussten natürlich mit, wie Sie sich vorstellen können.

Keine Chance zum Durchatmen. Nicht mal genug Zeit zum Abkotzen hatten wir. Ich hätte ihm am liebsten gesagt, dass uns seine Überraschung einen Scheißdreck interessiert. Schließlich war ich vollkommen fertig, wie er so mit uns umgehen konnte. Trotzdem wollte ich natürlich wissen, was es mit dem Schatz auf sich hatte, ob es ihn überhaupt gab oder ob uns Moki nicht wieder verarschen würde. Also sind wir ihm nach. Basti und ich, barfuß und nur in Boxershorts, die noch klatschnass waren. Moki hatte sich in der Zwischenzeit längst umgezogen. Zumindest hatte er sein Shirt an und den Cowboyhut auf dem Kopf – mehr braucht der ja nicht.

Anschließend sind wir zu dritt aufs Motorrad. Erst wollten wir nicht. Aber es sah ganz schön bescheuert aus, wie ein farbiger Cowboy auf einem Motorrad gesessen hat, hinter dem zwei Farblose in

Boxershorts hergelaufen sind. »Sklavenkarawane!«, hat Moki gerufen. »Nur andersrum.« Und da musste selbst Basti grinsen. Na ja, nach ein paar 100 Metern sind wir auf den Japsen geklettert, Basti und ich, und alles war wieder mal nur halb so schlimm. Ich meine, jeder von uns hatte seinen Teil abbekommen, Moki mit dem Klatscher aus dieser Hammerhöhe – und wir mit den beiden Wasserschnecken. Nur so richtig großartig hat sich keiner von uns gefühlt. Weder Moki noch wir. Und bis wir zurück an dem Monsterkraken waren, hat keiner mehr ein Wort gesagt.

13. PROTOKOLL

BASTI im zirkus hatten wir dieses plakat hängen ... »spitting on giants« stand da als überschrift ... ich glaube, moki hat das ziemlich gut gefallen ... als wären riesen auch nur zwerge ... und man selbst wäre viel größer ... keine ahnung, ob er das wirklich geglaubt hat ... dass wir so groß waren ... und wenn nicht, heißt das ja nichts anderes, als dass man ständig über sich hinauswachsen muss ... höher, weiter, schneller ... ohne aufzuhören, was schon ziemlich extrem sein kann ... auf dauer, oder ...?

moki hat das aber irgendwie fasziniert ... hat es zu seinem lebensmotto, was ja ok war ... was nicht ganz so in ordnung war: dass er sein motto auch zu unserem gemacht hat ... ich weiß nicht, ob es wirklich das war, was ich für mich ... da hätte ich gern etwas länger drüber nachgedacht ... bevor wir all diese dinge machen mussten ... das, was er sich für uns ausgedacht hatte ...

na ja, am anfang hatten wir schon so etwas wie spaß ... wurde nicht langweilig ... das ist ja immer ein gefühl wie zwischen himmel und hölle ... als würde man im nebel auf einem drahtseil ... ohne irgendwann einmal die andere seite zu erkennen ... dort, wo das seil aufhört ... ging irgendwie immer weiter ... das war bei den mutproben nichts anderes als bei diesem sprung in den fluss ... krass übel ...

ich selbst war an diesem tag so wütend auf moki wie nie zuvor ... ich meine, die ganze angst ... für nichts ... natürlich hatte er recht, in gewisser weise wenigstens ... dass er uns nicht um hilfe ... und dass wir ihm hinterher sind ... das war doch nur ein zeichen, dass wir zusammengehalten haben, oder ...? eine art beweis ... vielleicht war das genau mokis absicht ... ich hätte damals nur gern gewusst, ob er das gleiche für einen von uns ... für joss oder mich ... und da war ich mir zu dem zeitpunkt nicht mehr ganz sicher ...

14. PROTOKOLL

JOSS Na, entschuldigt hat sich Moki nicht. Aber er hat versucht, es wieder gutzumachen. Mit diesem Schatz. Ich weiß nicht, wie er die verfluchte Kiste gefunden hat. Als wir mit dem Motorrad zurück auf dem Fabrikgelände waren, stand sie jedenfalls direkt auf der Kaimauer. Direkt unter diesem Krakenarm, von dem wir ja gesprungen waren. Ich bin mir sicher, dass die dort vorher nicht gestanden hatte und dass Moki sie absichtlich dorthin gestellt haben muss, nur um uns zu beeindrucken. Obendrauf lagen fein säuberlich unsere Sachen, Shirts und Chucks. Irgendwie hatte der das perfekt inszeniert. Dabei wusste er ja selbst nicht, auf was er da gestoßen war, konnte er gar nicht wissen. Die Kiste war noch komplett zu. Eine stinknormale Holzkiste, und ich hab ihn gefragt, ob das etwa der Schatz sein sollte, mit dem er uns heißgemacht hat. »Das ist keine stinknormale Holzkiste«, hat Moki gesagt. »Das ist eine Schatztruhe, schaut nur, was draufsteht.«

Ich bin als Erster darauf zu. Die Kiste war nicht mal groß, sonst hätte sie Moki alleine gar nicht bewegen können. Sie habe unten im Wasser gelegen, hat er behauptet. Etwas unterhalb des Kais, wo er wieder an Land ist, ohne dass wir ihn sehen konnten. Ich meine, die Kiste sah von außen nicht sonderlich spektakulär aus. Aber Moki hatte recht. Auf dem Etikett stand etwas von *Import – Export* und *Fireworks*, also Knallerkram. Und es gab einen Haufen Warnhinweise, die Kiste bloß nicht in Brand zu stecken, was bei den feuchten Holzbrettern auch nur schwer möglich gewesen wäre. Na, sonst stand nichts drauf. Keine Firmenadresse, kein Absender. Schon deshalb gehöre die Kiste keinem, hat er gesagt, und wir könnten sie öffnen. Den Schatz. Eine Kiste, randvoll mit Knallfröschen, Mickefitz und Chinakrachern. Na ja, die Überraschung war ihm gelungen, keine

Frage. Nur zeigen wollten wir es nicht, noch nicht. Moki hatte uns gelinkt, und wir mussten so tun, als hätte er da ein Paket voller Ohrenstöpsel oder Staubsaugerbeutel. Basti hat nichts gesagt, war einfach still, so wie immer. Während ich bloß gegähnt hab.

Moki dagegen war ziemlich gereizt, dass wir seine Überraschung so runtergemacht haben. Das konnte man ihm ansehen. Trotzdem ist er ruhig geblieben. »Wir müssen sie erst mal aufmachen!«, hat er gesagt. »Wer weiß, was das für Raketen sind – vielleicht ein Bausatz für die weltgrößte Silvesterrakete, die man vom Mond aus sehen kann.« Basti hat nur gemeint, Moki solle ruhig weiterspinnen. Doch was drin war, wollte er natürlich genauso rauskriegen wie ich. »Wir brauchen ein Brecheisen – oder irgendwas Ähnliches«, hat Moki wieder angefangen. Also haben wir uns auf dem Hafengelände umgesehen. Rechts neben dem Kran waren ein paar Holzpaletten übereinandergestapelt. Und dazwischen ragte eine ziemlich lange Metallstange raus. Ich hab versucht, sie rauszuziehen. Aber vergeblich. Dann kam Basti mit einem riesigen Ziegelstein wieder, der aus einer der Mauern dort unten gebröckelt sein muss. »Wir probieren es damit«, hat er gesagt und wie verrückt auf die bescheuerte Kiste eingeprügelt. Moki meinte nur, wir sollten aufpassen, nichts von dem Schatz innendrin zu zertrümmern, doch das war überhaupt kein Thema. Ein paar der Holzbretter waren komplett morsch, die Kiste muss schon länger unten im Wasser gelegen haben. Und nach fünf, sechs Schlägen konnten wir eines der Bretter zur Seite biegen. Der Rest war Kindergeburtstag. Und da war er dann. Unser Schatz. Keine weltgrößte Silvesterrakete, aber auch keine Knallfrösche oder Ähnliches. Die Kiste war randvoll mit Raketen aller Art. Lange, kurze, etwas dickere und ein gutes Dutzend sehr schmale. Insgesamt waren es genau 84 Raketen – so wie man sie an Silvester in jedem Euro-Laden bekommt. Bunt bedruckt mit chinesischen Schriftzeichen, made in China. Offensichtlich kamen die direkt aus Fernost, wurden umverladen und weiterverschifft. Irgendein Kahn muss sie flussaufwärts beim Weitertransport verloren haben. Wahrscheinlich bei einem dieser Hitzegewitter letzte Woche, wenn Sie sich erinnern.

»Wow, das ist also dein Schatz, bin zutiefst beeindruckt«, hab ich zu Moki gesagt, als die Teile irgendwann nebeneinander in der Sonne gelegen haben. Natürlich hab ich das nicht ernst gemeint, das mit dem Beeindrucktsein. Und Moki war umso mehr aggro deswegen. »Was willst du denn noch?«, hat er zurückgeätzt. »Ein Mega-Feuerwerk – und das hier mitten im Sommer. Wir können den ganzen Fluss ausleuchten. Den gesamten Scheißmississippi bis rüber nach Alabama!« Also die andere Flussseite. Daraufhin hab ich gefragt, wie er das denn anstellen wolle – mit ein paar Dutzend Raketen, die seit Tagen im Wasser gelegen haben mussten.

Ich glaube, wir waren noch ziemlich aufgekratzt wegen der Sache mit dem Kran. Basti und ich. Insgeheim hab ich mich aber tierisch darauf gefreut, die Kracher in die Luft zu feuern. Auch wenn es vielleicht den ein oder anderen Rohrkrepierer geben würde. Die Frage war nicht, wie viele der Raketen wir zünden konnten, sondern wo. Natürlich wäre es der Hammer gewesen, die Dinger bis rüber ans andere Ufer zu jagen. Aber wir konnten sie weder dort zünden noch in unserem Versteck am Zirkus. So gigantisch ein Feuerwerk auch ist, es hätte uns natürlich verraten. Den Zirkus durften wir auf keinen Fall aufs Spiel setzen, schon allein wegen der Büffelherde vom Emmerich. Und dort auf dem Fabrikgelände befand sich unsere Motocrossstrecke, wo wir eigentlich sowieso nicht hindurften. Aber ganz aufs Feuerwerk verzichten konnten wir ja auch nicht. Moki hatte dann die zündende Idee, im wahrsten Sinne des Wortes, wenn Sie verstehen, was ich meine. Er hat eine der Raketen in die Hand genommen, sie kurz gecheckt und dann vorgeschlagen: »Nun, ein Feuerwerk am knallhellen Tag macht wohl wenig Sinn. Ich würde sagen, wir legen sie noch ein paar Stündchen in die Sonne – zum Trocknen. Und nachher treffen wir uns hier wieder, um Mitternacht – und gehen mit den Dingern in einer der Werkshallen auf Geisterjagd. Was meint ihr?«

15. PROTOKOLL

JOSS Vor ein paar Wochen waren wir beim Zahnarzt. Basti und ich. Routinekontrolle. Im Wartezimmer dort lag diese Zeitschrift. Und in einem Artikel stand in der Überschrift: »Fernsehen macht kriminell«. Nicht weil das, was da so läuft, wahnsinnig brutal ist, hab ich gedacht, sondern einfach nur langweilig. Ich komme da grade drauf, weil ich mich an dem Abend wirklich gefragt hab, warum wir das überhaupt gemacht haben, das alles. Und ob wir nicht da schon so etwas wie kriminell waren. Nicht wirklich kriminell, höchstens vorkriminell oder vorvorkriminell. Wir haben ja keinem geschadet, hatten wir auch nicht vor. Es war nur so, dass wir uns genauso gut vor die Glotze hätten setzen können – oder die Playstation. Hat uns beides nicht interessiert. Ich meine, es heißt ja nicht umsonst, dass das echte Leben immer noch das meiste Herzrasen macht, oder? Auch wenn man dafür einiges tun muss. Und ich glaube, manchmal sollte man mehr Angst davor haben, sich zu langweilen oder langweilig zu werden, als sich dort hinzubewegen, wo nicht mehr alles klar geregelt ist. Wahrscheinlich hat Basti das ähnlich gesehen. Selbst wenn er ein paar Dinge gern rückgängig gemacht hätte – aus dem Jetzt gesehen. So wie ich übrigens auch.

Na, an dem Abend haben wir jedenfalls kein Auge zugemacht. Ich glaube, selbst später in der Nacht konnte keiner von uns so richtig schlafen. Wir waren fast pünktlich zu Hause, und das Essen hat auf dem Tisch gestanden. Unsere Mutter war schon fertig und hat im Wohnzimmer gesessen, mit irgendeiner Bekannten telefoniert und gar nicht groß nachgefragt, was bei uns los war, was uns ganz recht gewesen ist. Unser Vater war weg, auf einer seiner Geschäftsreisen in Düsseldorf oder Hannover, und wollte erst jetzt am Wochenende wiederkommen. Basti und ich haben uns ein paar Brote geschmiert. Und gegen halb 12 sind wir los. Wecker stellen war gar nicht nötig, dafür waren wir viel zu aufgedreht. Wir haben uns aus dem Haus gemacht, so leise wie möglich. Obwohl es Nacht war, ist es noch höllisch warm gewesen. Absolute Windstille. Und wir sind in Shirts bis zur Stadtgrenze, bis dorthin, wo die Straßenbeleuchtung aufhört. Der Mond lässt es zurzeit ja hell genug leuchten, dass man sich selbst dort draußen kaum verirren kann. Die Straßen waren fast leer, kaum Verkehr. Und ich sage Ihnen: drüben von den Feldern am Fluss konnte man nicht nur das Heu riechen, sondern auch unser Feuerwerk. So ein Gefühl war das! Wir nachts alleine auf diesem riesigen Fabrikgelände. Ganzkörperflattern hoch 10. Wir haben zwar schon ein paarmal einen Blick in die Hallen geworfen, die ja komplett leer geräumt sind. Die ganzen Maschinen, Werkbänke und Hochregale oder was auch immer da vorher drin war, das müssen die Arbeiter dort vor der Schließung rausgeräumt haben. Bis auf ein paar leere Eimer oder Müll war da nichts mehr. Richtig drin in den Hallen waren wir vorher nicht, vor allem nicht nach Mitternacht. Und wer konnte schon wissen, ob wir wirklich die Einzigen waren, die sich dort rumgetrieben haben?

Wir mussten dann durch die Zaunlücke hin zum Kicker, dem riesigen Metallblech, von dem wir immer gesprungen sind. Dort hatten wir die Raketen in die Sonne gelegt. Und wir konnten nur hoffen, dass sie trocken genug waren – zum Zünden. In der Dunkelheit sah die Werkshalle ziemlich Monster aus, kann ich Ihnen sagen. Und ich hab die ganze Zeit über Panik gehabt, dass da nicht vielleicht doch einer Patrouille läuft mit seinem riesigen Hund, um nach dem Rechten zu sehen. Oder ein Haufen Zombies, schließlich war das ja fast wie Friedhof, total ausgestorben. Natürlich war das Quatsch, etwas mulmig war mir aber schon. Und ich hab gemerkt, dass es Basti recht ähnlich ging. Er war direkt hinter mir und hat sich ständig umgedreht.

Na, als wir endlich am Kicker waren, war Moki längst da. Aus 50

Metern Entfernung hab ich in der Dunkelheit seine Zigarette gesehen, das Glimmen, und da hat er dann gesessen, auf einem alten Autoreifen. Ich glaube fest, er ist zwischendurch überhaupt nicht zu Hause gewesen und hat die ganze Zeit über das Fabrikgelände und unseren Schatz im Auge behalten. Oder darüber nachgedacht, von was wir als Nächstes springen. »Na, Jungs, ausgeschlafen?«, hat er uns begrüßt. Dann hat er auf die Werkshalle gezeigt, auf den riesengroßen Schatten vor uns. »Ist alles schon vorbereitet.« Moki hatte das gesamte Raketenarsenal zusammengepackt und in die Halle geschafft. Wie gesagt, draußen war es schon dunkel, und man konnte nur schemenhaft etwas erkennen, wenn man genau hingesehen hat. Als wir aber in die Halle kamen, war es richtig schwarz. Stockfinster. Nur durch das offene Tor ist ein bisschen Mondlicht gefallen. Basti hatte das dünne Licht von unserem Smartphone, sonst nichts. Ich wusste überhaupt nicht, wo wir waren, geschweige denn, wo Moki die Raketen hingeschafft hatte.

Dem hat die Dunkelheit aber nichts ausgemacht, scheinbar. »Die Augen gewöhnen sich dran«, hat er bloß gesagt, »und wenn nicht, dann müssen wir eben Licht machen«. Von jetzt auf gleich war er weg. Für einen Moment hab ich gedacht, er will uns wieder auf eine Scheißprobe stellen oder hatte etwas ähnlich Bescheuertes mit uns vor wie auf dem Kran. Einer seiner Jokes. Dann hab ich aber gemerkt, dass Moki noch immer in der Halle war und an irgendeinem Apparat herumhantiert hat. Plötzlich konnte ich hören, wie er mit dem Motorrad immer näher kam. »Voilà, es werde Licht!«, hat er gerufen. Und dann hat der Japse die halbe Werkshalle ausgeleuchtet. Abrakadabra. Der Raum war vielleicht 20 Meter lang, neben dem Eingang stand das Motorrad, und hinten in einer Ecke hatte er die Silvesterraketen an der Wand deponiert.

»Bereit fürs Feuerwerk?«, hat er uns gefragt. Basti und ich waren wie gelähmt. Ja, natürlich waren wir das, bereit! Moki hatte alles perfekt arrangiert, und es konnte losgehen. Wir sind alle drei hinter zu den Raketen. Erst mal wollten wir eine zünden, um zu sehen, wie so ein Feuerwerk in einem geschlossenen Raum aussieht oder ob wir nicht vielleicht die komplette Werkshalle in Brand setzen würden. Wir haben gelost, wer die Ehre hatte, den Prototyp zu zünden. Basti durfte ran. Moki hat ihm sein Feuerzeug geliehen. Dann kam der große Augenblick. Ein bisschen aufgeregt war ich schon, wie wir alle. Wer weiß schon, wie so eine Rakete abgeht, wenn sie von der Hallendecke zurückprallt und durch den Raum ballert – wie eine Flipperkugel? Moki und ich haben uns zurück ans Hallentor gestellt, während Basti an dem Teil herumgenestelt hat. Ich konnte nur erkennen, wie er das Feuerzeug immer wieder angeknipst hat – nichts ist passiert. »Alles Blindgänger!«, hat er irgendwann gerufen. Das Schwarzpulver muss noch immer zu feucht gewesen sein, um die Raketen zu zünden. Nicht eine hat Basti klarmachen können. Moki wurde unruhig, richtig nervös. Irgendwie hatte der Angst um seine Show, die er ja für uns so grandios vorbereitet hatte. Er hat kurz geflucht und es dann selbst mit dem Feuerzeug versucht. Aber nichts. Die verdammten Dinger sind weder durch den Raum geflogen noch explodiert. Wir wussten nicht, was wir falsch gemacht hatten beziehungsweise was das in Wirklichkeit für Teile waren. Irgendwann hat Moki gemeint, wir sollten es lassen, es habe keinen Zweck mehr. Für einen Augenblick hab ich gedacht: ok, das war's. Wir packen ein und gehen nach Hause. Aber das wäre natürlich nicht Moki gewesen, einfach aufzugeben. Er hat Basti auf die Schultern geklopft und dabei wieder auf gute Laune gemacht, so wie es seine Art ist, wenn er eine seiner merkwürdigen Ideen hat. »Gut«, hat er gesagt. »Wenn das mit dem Feuerzeug nicht funktioniert, müssen wir halt andere Kaliber auffahren – wir schütten Benzin drüber und fackeln die Teile ab.«

16. PROTOKOLL

JOSS Ohne groß zu diskutieren, hat er sich die Versuchsrakete geschnappt, den Tankdeckel vom Japsen abgeschraubt und das Teil reingehalten. »Pyrotechnik vom Feinsten«, hat er dazu gesagt. Allzu viel Benzin war allerdings nicht mehr drin. Und Basti hatte schon Angst, dass es nachher nicht mehr reicht zum Nachhausefahren. Aber das war erst mal egal. Wichtig war, das Feuerwerk endlich an den Start zu kriegen. Und diesmal würde es funktionieren, das war klar. Es war nur schwer vorherzusagen, wie sich die Rakete verhalten würde. Vielleicht würde der Treibsatz brennen und das Teil an die Decke katapultieren – oder es würde sofort eine Explosion geben, ganz ohne Flug. Wer konnte das schon wissen?

Na, Moki hatte plötzlich mindestens genauso viel Respekt davor wie Basti und ich. Der Plan war zwar gut, aber wir mussten aufpassen, dass wir nicht selbst mit in die Luft fliegen würden. Mit dem Benzin, das von der Rakete getropft hat, haben wir eine feine Spur von dem Raketenarsenal bis fast zum Hallentor gezogen. Und dann hat Moki das Benzin ganz am Ende angezündet. »Wollen doch mal sehen, was der Chinamann so draufhat!« Moki hat uns angegrinst, wie sich die Flamme bis ganz ans Hallenende gefressen hat. Und wir haben zurückgegrinst. Das war doch wieder was! Wenn es nur mit Benzin ginge, dann würden wir am nächsten Tag eben mit ein paar Kanistern wiederkommen und die restlichen 83 Raketen in die Luft jagen. Ein ganz privates Feuerwerk, hab ich gedacht, das sonst niemand außer uns sehen könnte.

Doch daraus wurde nichts, denn auch diesmal ist nichts passiert. Na ja, nichts ist vielleicht falsch gesagt. Als die Flamme endlich vorne bei der Versuchsrakete war, gab es eine größere Stichflamme, weil das gesamte Teil ja voller Benzin war. Doch kurz darauf war auch schon Schluss. Keine Explosion, kein Goldregen, kein Heuler – nicht der kleinste Knalleffekt. Nada. Das Ding muss ein absoluter Blindgänger gewesen sein, hab ich gedacht. Moki hat noch lauter geflucht als vorher. Das Resultat war wirklich ernüchternd, das Teil hat nur geglimmt, und mehr Benzin für die anderen Raketen hatten wir nicht. »Boah, und wie das stinkt!«, hat Basti gerufen, wie wir so dabeistanden und dem Rohrkrepierer beim Wegzüngeln zugesehen haben. Ich glaube, Basti hatte echt genug von dem Tag und wollte einfach nur nach Hause. Aber der eigentliche Clou kam erst. »Ja, wie das stinkt, du hast vollkommen recht!«, hat Moki dann wieder angefangen. »Ja, wie das stinkt – wie denn eigentlich? Wie stinkt es denn?« Moki hat Basti angegrinst – und plötzlich hab ich es auch gerochen. Das war ein fast süßlicher Geruch, wie man ihn manchmal in Mokis Treppenhaus im Ghetto riechen kann. Und mit einem Mal hab ich genauso grinsen müssen. Nur Basti stand komplett auf dem Schlauch und wusste überhaupt nicht, warum wir auf einmal so komisch waren.

»Riech doch mal!«, hat Moki ihn dann wieder aufgefordert. »Das ist 1a Dope! Riech' ich 100 Meter gegen den Wind.« Damit war die Katze aus dem Sack. Oder vielmehr aus dem Wok, wie Moki gesagt hat. In der Rakete war kein Schwarzpulver oder irgendein anderer Hokuspokus. In der Rakete befand sich lupenreines Hasch. Drogen. Schwarzer Afghane oder wie auch immer der Stoff heißt. Ich muss zugeben, meine Erfahrungen damit sind gleich null. Aber Moki wusste sofort, um was es sich gehandelt hat, und ist voll abgegangen. »Mann, das gibt's doch nicht. Wir wollen hier Silvester feiern, mitten im Sommer. Und statt der Böller haben wir einen Haufen Knaller – bis zum Rand gefüllt mit Shit!«

Bis dahin war es ja erst eine Rakete, die wir in das Benzin getunkt hatten und die noch immer vor sich hin glimmte, dass uns der Geruch nicht aus der Nase ging. Moki hat allerdings schon weitergedacht: an die anderen 83 Silvesterraketen, die noch an der Wand standen oder in der Ecke lagen. Mir war zwar schon recht schwindlig, aber wir mussten natürlich sofort nachsehen, ob die ebenfalls vollgepackt waren mit dem Dope. Sofort hat sich jeder ein paar Teile geschnappt und die äußere Verpackung aufgerissen, so gut das ging. Die Raketenspitzen bestanden nur aus einem Plastikverschluss, ziemlich provisorisch, den konnte man einfach abziehen. Und in der runden Hülle befand sich eine Art dunkle, megafeste Knetmasse, die sich problemlos rausziehen ließ. Absoluter Hammer! Aus jeder Rakete flutschte dieses rund gepresste, wurstartige Zeug.

»Normalerweise wird der Stoff zu Platten gepresst, Haschwürste sind mal eine komplett andere Form. Ganz schön kreativ, die Schlitzaugen«, hat er gesagt. So wahnsinnig geistreich oder lustig war Mokis Kommentar gar nicht, als Drogensachverständiger. Basti und ich haben uns trotzdem weggeeiert vor Lachen. Der Scheißgeruch aus Hasch und Benzin hing in der ganzen Werkshalle. Meine Arme haben sich mit einem Mal unglaublich leicht angefühlt – und waren gleichzeitig so wahnsinnig schwer, dass es fast unmöglich war, die nächste Haschwurst, wie sie Moki genannt hat, auszupacken. Keine Frage, wir waren ziemlich bekifft – und es hat sich gar nicht so schlecht angefühlt, kann ich Ihnen sagen.

Na, nach gut einer halben Stunde hatten wir sämtliche Raketen aufgerissen, und vor uns lagen 83 Haschwürste. Unser Schatz. Und wir sind aus dem albernen Gekicher gar nicht mehr rausgekommen. Dann hat Basti gesagt, dass er sofort aus der Halle müsse, ihm sei kotzübel. Das Wort »kotzübel« konnte er nicht mehr aussprechen, da hat er sich schon übergeben, was wiederum so komisch war, dass ich mir fast in die Hose gemacht hätte. Na ja – wenigstens hatte Basti kein Nasenbluten. Er war nur komplett am Ende, und so ging es uns beiden auch, Moki und mir. Schließlich war es mitten in der Nacht, und wir mussten irgendwann nach Hause. Den Schatz würde dort in der Halle niemand suchen, und wir haben verabredet, ihn am Tag darauf zu holen – nach der Schule.

Das mit dem Dope holen am nächsten Tag war ein guter Plan. Dass es dabei aber nicht bleiben würde, war da kaum abzusehen. Schon gar nicht, dass es wieder Basti erwischen würde. Noch so ein typisches Moki-Ding, kann ich Ihnen sagen. Und dafür hab ich ihn wirklich gehasst.

17. PROTOKOLL

BASTI nach der raketen-aktion war ich hundemüde ... das war wirklich unglaublich, wie wir diese ganzen stangen ... das konnte nicht mal moki geplant haben, nicht mal der ... und selbst ich ... war danach nicht mal mehr großartig sauer auf ihn ... trotz allem, was vorher so ... mir ging's nur ziemlich schlecht ... die ganze nacht ... zu hause musste ich mich noch zweimal übergeben ...

am nächsten morgen im unterricht war ich total fertig ... konnte kaum die augen offen halten ... moki ging es ähnlich ... der hat neben mir gesessen, kein wort gesagt ... das war ziemlich ungewöhnlich ... muss selbst dem kruschka aufgefallen sein ... der hat uns sogar gelobt, weil es endlich mal still war ... in der klasse ... »rosenkavaliere« hat er uns genannt ... dass wir deshalb ein paar häuser weiter von ihm einen halben vorgarten kahl geschnitten hatten ... ist bei dem nicht angekommen ... vielleicht mögen ihn die nachbarn dort genauso wenig ... und sprechen kein wort mit ihm ... das konnte uns jedenfalls nur recht sein ... und wegen der blumengeschichte hat er uns bis heute nicht zur rede ...

von der mathestunde selbst hab ich wenig ... in meinem kopf war alles voll von der nacht davor ... in was wir da reingeraten waren ... dieses ganze zeug ... wie gefährlich das alles war, ist mir erst später ... nicht einmal besitzen darf man das ... mitten im Unterricht hab ich moki gefragt, ob das richtig harte drogen seien ... der hat erst gar nicht kapiert, was ich von ihm ... dann hat er wieder gegrinst ... gesagt, dass ich ruhig mal fühlen könne, wie hart die wirklich seien ... hat mir dabei zugezwinkert ... die linke hand aufgemacht ... zuerst hab ich gar nicht verstanden, was er da ... plötzlich war mir aber klar, was das war ... eine der haschwürste ... keine ganze ... nur knapp die hälfte einer stange ... ein wurstzipfel ... der sah nicht mal mehr wurstförmig aus ... eher wie ein klumpen dreck ... na ja, ich konnte kaum glauben, dass er tatsächlich etwas mitgenommen hatte ... in die schule ... vor allem nicht in dieser menge ...! moki hatte so viel in der hand ... das hätte für ein paar jahre knast gereicht ... wenigstens für einen haufen sozialstunden in irgendeinem altersheim ... und er hat damit herumgespielt, als wäre es irgendein müsliriegel ... war für ihn die normalste sache der welt ...

ich hab kurz darüber nachgedacht, wie abgedreht das alles war ... das mit den mutproben ... mit dem motorrad ... mir war klar, dass das noch lange nicht alles ... noch lange nicht ... und dass noch einiges kommen würde ... das war ja auch so ... wie eine lawine, vor der man nicht wegrennen kann ... obwohl sie noch kilometerweit ... so hab ich mich gefühlt ...

ich wollte ihm sagen, dass er den klumpen sofort wieder ... da rollt er ihn rüber ... über den tisch ... ich konnte ihn gerade noch auffangen ... der kruschka hat in dem moment zur tafel ... nichts gemerkt ... auch der rest der klasse ... gepennt oder nach vorn geschaut ... nicht darauf geachtet, was wir da hinten ...

ich hatte tierisch angst ... totale aufregung ... natürlich hab ich den klumpen trotzdem genommen ... ihn zwischen den fingern hin und her ... in der nacht vorher hatte ich nicht darauf geachtet ... das hat sich aber angefühlt wie ein riesiges stück brauner kaugummi, der ein paar wochen zu lang in der sonne ... vielleicht kann man es so beschreiben ... das zeug war hart ... etwas klebrig ... dafür hätte man ein ziemlich scharfes messer gebraucht ... zum kleinschneiden ... oder zerbröseln ...

plötzlich ist es passiert ... ich wollte moki den klumpen zurück ... so schnell wie möglich ... da ist er mir aus der hand ... und nicht nur das ... das zeug ist nach vorne zur bank vor uns ... zu den mädchen ... ich bin fast gestorben ... wenn die das teil aufgehoben hätten ... wir wären geliefert gewesen ... ich hab versucht, mit dem fuß ... dann musste ich unter die Bank ... abtauchen, um es aufzuheben ...

in dem augenblick hat sich der kruschka vorne umgedreht ... mich drangenommen ... ich hatte keine ahnung, was der überhaupt gefragt hatte ... ich hab nur meinen namen ... wusste, dass es jetzt ziemlich eng ... alles weitere ist in sekundenschnelle ... blitzschnell hab ich nach dem klumpen gegriffen ... bin wieder hoch ... da stand der kruschka schon neben mir ... direkt daneben ... der hat gesagt, dass ich ihm das geben sollte ... das, was ich da in der hand ... ganz gleich, was es sei ... s-o-f-o-r-t ... ich hab nicht lange nachgedacht ... mir das stück in den mund geschoben ... mit aller kraft ein paarmal darauf herumgekaut ... so gut das ging ... runtergeschluckt ... reflexartig ... dann hab ich beide handflächen aufgemacht ... musste ein paarmal husten ... ziemlich kräftig sogar ... hab dann gesagt: »da war nix ...« und der kruschka ...? der hat nur blöd geglotzt ...

18. PROTOKOLL

JOSS Ich weiß noch, die 5. Stunde war gerade zu Ende, als Moki plötzlich vor mir steht. Basti gehe es ziemlich schlecht, und wir müssten ihn sofort nach Hause bringen. Nach Hause hat geheißen: zu uns in den Zirkus; im richtigen Zuhause war ja unsere Mutter, und die würde uns nur unnötige Fragen stellen oder Basti sogar zum Arzt bringen.

Na, als ich in den Sanitätsraum kam, hat er auf der Krankenliege gelegen und höllisch geschwitzt. Daneben saß Elín. Wie Sie vielleicht schon wissen, ist die in der Schule beim Sanitätsdienst. Jedenfalls hat sie versucht, ihm zu trinken zu geben. Ich hab sie vorher schon ein paarmal in den Pausen gesehen, ohne dass sie mir großartig aufgefallen wäre. Moki hat sie »Eskimo-Rolle« getauft, wegen ihres Übergewichts, und weil sie dort oben aus Island kommt beziehungsweise ihre Eltern. Zugegeben, sie sieht etwas anders aus. Sie haben sie ja gesehen: Lange schwarze Haare und die Augen etwas schmaler. Nicht so wie bei Asiatinnen, anders eben. Trotzdem war das mit der Eskimo-Rolle weder zutreffend noch nett von Moki. Aber er kann manchmal ein richtiges Arschloch sein, wenn er lustig sein will.

Auf jeden Fall sitzt Elín neben Basti, als ich mit Moki in den Raum komme, und legt ihm einen kalten Lappen auf die Stirn. »Kreislaufprobleme«, hat sie gesagt und uns dabei zugezwinkert. Das mit dem Zwinkern hat mich ziemlich irritiert, weil ich ja überhaupt nicht gewusst hab, was vorher passiert war. Und erst als Moki mich später aufgeklärt hat, ist mir klar geworden, warum Basti so komisch drauf war.

Ich meine, das Abfackeln der Rakete in der Nacht vorher war schon wie ein kleiner Rausch. Wie muss sich Basti da gefühlt haben – mit ein paar Gramm Dope im Magen? Keine Frage, er hat wie blöd geschwitzt und hyperventiliert. Aber Lebensgefahr hat nicht bestanden, offensichtlich. Moki hat später gesagt, Basti sei halt größer als ein Riese. Kein Wunder also, dass ihm da manchmal schwindlig werde – so weit oben. So kann man es natürlich auch sehen. Trotzdem hätte ich ihm dafür eine reinhauen können, wenn Sie verstehen, was ich meine.

Na, Basti war kaum ansprechbar, er hat nur komische Laute von sich gegeben und in sich reingekichert. Irgendwie war mir das ziemlich peinlich, zumal ich zu diesem Zeitpunkt ja keinen Blassen hatte, was mit ihm los war, und mich Elín die ganze Zeit über so merkwürdig angeschaut hat. »Am besten, ihr schafft ihn hier raus, ok?«, hat sie dann plötzlich angefangen. »In 20 Minuten ist der Unterricht vorbei, und ihr wisst ja, was dann los ist.« Für einen Moment hab ich nicht gewusst, ob sie uns helfen will oder Basti loswerden möchte – für den Fall, dass er doch noch abnippelt und sie die Verantwortung dafür trägt. Unterlassene Hilfeleistung und so weiter. Moki hat das aber sofort gecheckt und gemeint, das sei doch ein guter Vorschlag. Klar, hab ich gedacht, was auch immer passiert ist, wir bringen ihn besser erst mal weg. Dafür mussten wir Basti allerdings aufrichten. Das ganze T-Shirt war vollgesabbert, zum Glück hatte er nicht wieder gekotzt wie am Abend vorher. Basti ist nicht allzu schwer, und Moki und ich konnten ihn relativ bequem unter den Armen packen. Elín hat uns die Tür aufgehalten und vorher rausgeschaut, ob die Luft rein war und kein Lehrer über den Flur kam. Anschließend sind wir die Treppe runter, durch den Hinterausgang. Moki hat das Motorrad klargemacht, und ich hab Basti hinten draufgesetzt. Richtig zurechnungsfähig war der nicht. Doch er hat kapiert, dass er sich festhalten musste. So richtig wohl war mir nicht dabei, aber bis zum Zirkus hätten wir ihn ja schlecht tragen können, oder?

Na ja, ich hab Bastis und mein Rad losgemacht und bin hinterher. Moki war schon weg, und wir hatten verabredet, uns unten am Fluss zu treffen. Jetzt am Donnerstag war es wieder tierisch heiß, und ich war schon klatschnass, bevor ich aus der Stadt raus war. Ich hab auf dem Rad gesessen und mit einer Hand Bastis Rad nebenhergongliert, dazu unsere beiden Rucksäcke. Mann, es hat bestimmt über eine halbe Stunde gedauert, bis ich unten am Zirkus war.

Dort hat Moki schon gewartet. Basti lag drinnen im Zirkuswagen – auf dem alten Sofa. »Es geht ihm gut, einigermaßen. Den Umständen entsprechend«, hat er angefangen, so kleinlaut wie schon lange nicht mehr. Den Umständen entsprechend. Moki war mir eine Erklärung schuldig, und ich hätte ihn am liebsten gekreuzigt, als er mir erzählt hat, wie Basti das Stück Dope runtergeschluckt hat, nur damit der Kruschka nichts merkt. Ich war stocksauer, wie Sie sich vielleicht denken können. Ich hab keine Ahnung, ob irgendwann schon einer an einer oralen Überdosis von dem Zeug gestorben ist. Aber Basti durfte das auf keinen Fall sein.

Moki ist dann raus und mit dem Motorrad weg, was, glaube ich, auch besser so war. Ich bin erst mal bei Basti geblieben. Zum Glück hat er ganz normal geatmet. Irgendwas Gescheites sagen konnte er allerdings nicht, keinen geraden Satz. Der hat mich nur wie blöd angeglotzt und gegrinst. Als ich versucht hab, ihm sein vollgesabbertes Shirt auszuwaschen, hat er mich ständig umarmt, bis ich selbst halb voll war. Mann, hab ich gedacht, das Dope muss wirklich Hammer sein! Nur wie kommt Moki auf die irrwitzig-bescheuerte Idee, den Stoff mit in die Schule zu nehmen?

Na, irgendwann hat sich Basti auf dem Sofa zusammengerollt und ist wieder eingeschlafen. Ich bin noch ein wenig bei ihm geblieben, bis ich draußen Geräusche gehört hab. Moki war zurück. Und in der Hand hatte er unsere Rucksäcke. Ich hab nicht gleich kapiert, was er damit gemacht hatte. Dann hab ich gesehen, dass unser ganzer Schulkram hinten in der Hängematte lag, alle Hefte und Bücher. Ich wollte schon auf Moki los, doch der hat bloß gegrinst, wie er es immer tut, und die Rucksäcke durch die Luft geschwenkt. »Schon vergessen?«, hat er gesagt. »Der Schatz; 83 Haschwürste – beziehungsweise 82 und etwas mehr als ein halber. Für den Rest hab ich mich schon entschuldigt, oder?«

Ich hab's am Anfang gar nicht gerafft. Der hatte in der Zwischenzeit den Schatz geholt. Am helllichten Tag – auf einem Motorrad, das nicht angemeldet war und auf dem er ohne Helm durch die Gegend gefahren ist. Doch das war gar nicht das Schlimmste, das hat mich nicht einmal überrascht. Das Schlimmste – und das hat selbst Moki umgehauen – war das Mädchen. Elín, unsere Eskimo-Frau. Denn als wir gerade dabei waren, die drei Rucksäcke auszuleeren und die Haschwürste vor uns auf dem Boden im Gras zu stapeln, kommt sie aus dem Gebüsch auf uns zu. Ganz lässig. So, als wäre sie von der Drogenfahndung und hätte nur auf den richtigen Augenblick gewartet, uns auf frischer Tat zu ertappen.

AKTE 2

19. PROTOKOLL

ELÍN Wie ich auf die gekommen bin? Vermutlich durch Zufall. Wie so oft im Leben. Hatte mit den dreien vorher nichts zu tun. Wären mir wahrscheinlich nie aufgefallen. Gut, stimmt so nicht. Nicht ganz. Weißt du, Moki ist mir vorher schon aufgefallen. Wie jedem in der Schule. Der ist zwar erst in der achten Klasse. Oder wieder mal in der siebten? Aber er hat etwas, was einem sofort klar ist. Unübersehbar. Wie ich das meine? Nun, merkt man ja oft, ob sich jemand dem Leben anpasst oder sich das Leben an ihn. War eindeutig bei Moki. Der mit seinem Cowboyhut, ziemlich affig, verstehst du? Da haben die anderen aus der Schule nicht mit ihm geredet. Nur über ihn. Außer Joss und Basti natürlich. Doch die waren ja nur Randfiguren, die sich um ihn gedreht haben. Wie die Erde um die Sonne. Oder die Motten ums Licht.

Dann dieser Tag, letzte Woche. Moki kam rein, zusammen mit Basti. Der konnte alleine kaum mehr stehen. Ich hatte keine Ahnung, was passiert war. Oder warum es Basti so schlecht ging. Der Kreislauf war ziemlich unten. War kreidebleich und hat geschwitzt, unglaublich.

Moki hat etwas von Anämie gefaselt. Blutarmut. Dass Basti seine Medikamente nicht genommen habe. Seine Pupillen waren aber so groß wie Glasmurmeln. Und er hat ziemlich dummes Zeug geredet. Oder gekichert. War mir sofort klar, dass er etwas genommen hatte. Pillen. Crystal. Shit. Keine Ahnung, was genau. Musste ich natürlich herausfinden. Hab darum auch nichts gesagt.

Wie ich die dann dort unten am Fluss gefunden habe? Bin Joss einfach hinterher. Hätte nie gedacht, dass die drei da unten was hatten. Diesen alten Zirkuswagen. Kennst du den? Joss ist durch die Büsche verschwunden. Hat mich nicht bemerkt. Dahinter gibt es diese Lichtung. Mittendrin stand der Zirkuswagen. Wurde ziemlich laut in dem. Glaube, Joss und Moki hatten Streit – wahrscheinlich wegen Basti. Hab das nie so genau rausgekriegt. Kurze Zeit später kam Moki aus dem Wagen. Ist an mir vorbei. Zurück zu seinem Motorrad. Und war weg.

Was ich gemacht habe? Hab gewartet. Irgendwann kam der zurück. Mit den Rucksäcken, weißt du. Dutzendweise Haschischstangen. Hätte ich denen nie zugetraut. Moki vielleicht. Bei dem weiß man ja nie. Aber nicht den andern beiden. Bin mir sicher, die wussten selbst nicht, was sie da hatten. Vor allem nicht, in welchem Wert! Und ich wusste nicht, was ich tun sollte. Hätte ich zurückgehen sollen, alles der Polizei melden? Wäre nicht ganz fair gewesen, oder? Wollte außerdem wissen, woher das Zeug kommt und was sie damit vorhatten. Bin dann zu ihnen hin. War mir egal, wie die drauf waren. Konnte ja nicht allzu schlimm werden. Ok, die waren nicht gerade happy. Aber was konnten sie schon tun? Außer sauer sein – oder zuschlagen?

20. PROTOKOLL

JOSS Ich hab Moki noch nie so sprachlos gesehen. Da steht dieses Mädchen plötzlich vor uns. Auf der Wiese hat das ganze Zeug gelegen, und im Zirkuswagen war Basti noch immer auf dem Wurstzipfeltrip seines Lebens. Ich wusste selbst nicht, wie mir war. Und vor allem, wie wir reagieren sollten. Das Erste, was ich mich gefragt hab: wo die auf einmal hergekommen ist. Aber weder ich noch Moki waren in der Lage, überhaupt irgendwas zu sagen. Dagegen war Elín ziemlich cool. Die ist vor uns stehen geblieben, hat die Arme verschränkt und einen Blick auf den Haufen vor uns geworfen.

»Nett habt ihr's hier«, hat sie gesagt. Und ich hab gedacht, das war's dann wohl. Mit unserem Versteck, mit dem Motorrad, mit den Haschwürsten. Im nächsten Augenblick würde ein Einsatzkommando mit einer Hundertschaft Bullen aus den Büschen stürzen, um uns alle festzunehmen. Handschellen, Kreuzverhöre, das ganze Programm. Aber nichts ist passiert. Stattdessen hat Elín wieder angefangen: »Und die Stangen hier, das ist doch Cannabis, oder? Vertickt ihr das – in der Schule? Oder bekifft ihr euch damit selbst, so wie dein kleiner Bruder? Wo ist der überhaupt? Da drin?«

Dann ist sie direkt auf den Zirkus zu, um nach Basti zu sehen. Das war der Moment, in dem Moki wieder aufgewacht ist – aus seiner Schockstarre. Er ist um sie rum und hat sich vor den Eingang gestellt. »Stopp, warte! Da kannst du nicht rein, das ist privat! Wer bist du überhaupt – und wie kommst du verdammt noch mal hierher?« Moki hat schon halb gebrüllt, wie Sie sich sicher denken können. Aber Elín ist total ruhig geblieben. »Privat?«, hat sie nur gesagt. »So privat wie der Haufen Drogen vor dieser komischen Hütte?« Dann hat sie ihn einfach zur Seite geschoben und ist über die kleine

Treppe hoch in den Zirkuswagen. Moki hatte keinen Plan, was er tun sollte – ich noch viel weniger, und wir haben uns nur Blicke zugeworfen, ohne etwas unternehmen zu können. Ich meine, was hätten wir denn machen sollen? Wie sich dann gezeigt hat, war sie allein – zumindest hat keine Bullerei mit irgendwelchen Kötern auf uns gewartet, um später den größten Drogenfund aller Zeiten zu feiern. Gut, wir hätten Elín irgendwie aufhalten oder alles abstreiten können. Andererseits hat sie uns vorher ja geholfen, mit Basti im Sanitätszimmer. Genau das war aber unser Fehler gewesen. Und das ist einzig und alleine Mokis Schuld, wenngleich ich ihm das in dem Moment natürlich nicht unter die Nase reiben konnte. Der war schon auf 180 – und ich wollte aufpassen, dass er nicht noch mehr Scheiß baut, den wir später zusammen ausbaden durften.

Ein paar Minuten später ist Elín dann wieder aus dem Wagen gekommen und hat gesagt, wir hätten Basti ja ganz schön zugerichtet. »Was genau ist dem denn passiert?«, wollte sie von mir wissen. Moki war für sie erst mal Luft. Dabei hat sie ganz genau gewusst, dass er derjenige war, der für seinen Trip verantwortlich gewesen ist. Ich hab mit den Schultern gezuckt und nur gesagt, dass er wohl etwas von dem Zeug geschluckt haben muss, das da vor dem Zirkus gelegen hat, aus Versehen natürlich. »Geschluckt?«, hat sie gefragt. »Ihr wisst, dass man das Dope eher raucht als runterschluckt, oder?« Dann hat sie uns einen Vortrag gehalten, dass man das Zeug besser als Kuchen oder Plätzchen konsumiert, was allerdings egal wäre – habe auf den Effekt keine größeren Auswirkungen, und so weiter. Am Schluss wollte sie noch wissen, woher wir das Cannabis denn hätten – also die Haschwürste – und ob wir überhaupt wüssten, wie viel das sei.

»83 Stangen«, hat sich Moki da wieder eingeschaltet. »82½, eine halbe wird gerade von dem da drin verdaut. Und wenn du willst, kannst du gern die andere Hälfte haben und sie dir im Iglu braten, du Walross!« Das war nicht gerade nett, Moki war aber plötzlich wieder total aggro und wollte sich nicht alles von ihrem Besserwissergequatsche – so hat er sich ausgedrückt – kaputt machen lassen, was auch immer dieses »alles« gewesen sein soll. Noch hatten wir ja nichts, nur dieses ganze Dope.

»Wer bist du überhaupt, dass du uns hinterherschnüffelst?« Und ob sie kein eigenes Leben habe, hat er dann weitergemacht. »Das hier geht dich gar nichts an, überhaupt nichts, verstehst du! Das ist unser Zirkuswagen, unser Versteck. Du tauchst hier auf und trampelst alles nieder, kapierst du das!« Moki ist richtig ausgetickt, und ich hab kurz gedacht, dass er jeden Moment auf sie losgeht. Elín ist zwar älter, aber nicht größer oder stärker. Und wenn Elín ein Typ gewesen wäre, hätte er ganz bestimmt versucht, sich mit ihr zu prügeln. Ein Mädchen schlagen ist allerdings ein No-Go, selbst für Moki. Auch wenn ich mir da nicht mehr ganz sicher gewesen bin, so wie der drauf war.

Ich meine, ich hätte mindestens genauso wütend sein können. Wütend auf Elín, wütend auf Moki – oder auf mich selbst, weil sie ja offensichtlich mir gefolgt war, als ich mit den beiden Rädern zum Zirkus geeumelt bin. Doch irgendwie war ich das nicht. Im Gegenteil, dieses merkwürdige Mädchen hat mich irgendwie geflasht, wenn Sie verstehen, was ich meine. Die kam einfach aus dem Nichts und hat Moki ans Bein gepinkelt, wie man so sagt.

Ich hab kurz überlegt dazwischenzugehen. Aber Moki hat sich wieder eingekriegt, und auch Elín hat erst mal nichts mehr gesagt. Ich glaube, sie hat ziemlich gute Antennen und verstanden, wie sehr sie ihn gereizt hatte. Und das ist nicht unbedingt ihre Absicht gewesen. Was genau sie vorhatte, war mir allerdings vollkommen unklar, wahrscheinlich hat sie das selbst nicht gewusst. Na, als Moki mit seinen Beschimpfungen fertig war, ist es mit einem Mal ruhig gewesen. Absolut still. Moki hat tief durchgeatmet und auf den nächsten Zug gewartet.

Elín war dran. Die ganzen Beleidigungen haben sie nicht beeindruckt, nicht wirklich. Die hat einfach eine der Haschwürste aufgehoben und gefragt, was wir jetzt damit vorhätten. Moki wollte schon antworten – und ich bin mir sicher, dass es nichts Nettes gewesen wäre. In der Sekunde ist aber Basti aus dem Zirkuswagen getorkelt und hat vor sich hin geröchelt: »Die Polizei einschalten natürlich – oder wir werfen das Zeug in den Fluss!«

21. PROTOKOLL

BASTI ich kann mich nicht erinnern, an alles ... weiß nur noch, dass ich in der klasse ohnmächtig geworden sein muss ... nicht ohnmächtig, war ein ganz komisches gefühl ... war wie am abend vorher, als wir in der fabrik die raketen ... nur viel, viel stärker ... intensiver ... ich hatte mich überhaupt nicht mehr unter kontrolle ... kein wunder, davor hatten wir ja nur eine dieser stangen, und der rauch konnte sich in der ganzen halle verteilen ... doch das zeug zu schlucken war noch zehnmal übler ... ich muss irgendwie in mir zusammengesackt sein ... vom stuhl gefallen, hat mir moki erzählt ... und er habe mich dann raus ins krankenzimmer ... aber davon weiß ich nicht mehr viel ... denn als ich wieder wach geworden bin, war ich schon im zirkus ... und selbst da hat sich alles gedreht ... joss hat gesagt, dass ich glück gehabt haben müsse, tierisch ... andere leute, die nicht so stark seien wie ich, würden dabei auch schon draufgehen ... ich weiß nicht, ob das stimmt ... und ich glaube auch nicht, dass es wirklich so schlimm ... trotzdem war es irgendwie nett von ihm ...

an was ich mich noch erinnern kann, ist, dass alles plötzlich klar wurde ... krass übel klar, in meinem kopf ... alles hat sich miteinander verbunden ... was vorher war ... und das, was sich daraus ergeben hat ... wie ein film ... gibt es so was ...? diese mutproben ... dieses leer stehende haus ... das ist schon etwas her ... über eine woche ... noch bevor wir die schatzkiste ... davon habe ich noch nicht erzählt, oder ...? das hatte sich moki für uns ausgedacht ... der natürlich ... na ja, nach der aktion mit den blumen war ich ja dran ... joss hatte es bereits hinter sich ... und moki kam dann mit dieser idee mit dem durch-die-häuser-rennen ... jetzt im sommer sitzen ja viele leute zu hause im garten oder auf der terrasse ... und hinten ist die tür offen ...

mokis plan war nun, von hinten an den leuten vorbei einmal quer durch ihr wohnzimmer zu laufen und vorne durch die haustür wieder raus ... »house running« hat er es genannt, ziemlich verrückt ... und auch nicht ganz legal, glaube ich ... das ist ja schließlich hausfriedensbruch, oder ...? wirklich lust darauf hatte ich nicht ... aber drücken wollte ich mich ja auch nicht ... wer kneift, verliert und so weiter ... moki hat nur gesagt, ich solle mich nicht so ... viel passieren könne ja nicht ... einmal quer durch ... und wenn mich einer schnappt, dann sollte ich erzählen, dass ich mich im haus geirrt hätte und so weiter ... damit hatte er wahrscheinlich recht ... wirklich beruhigt hat es mich allerdings nicht ... trotzdem – immer noch besser als die aktion mit den blumen ...

wir sind dann rüber ins alte viertel ... frei stehende häuser, villen ... ziemlich vornehm die gegend ... ich wollte in eins dieser häuser, die man von außen kaum einsehen konnte ... und dort war dann dieses haus, wo auch die übergabe ... hat ihnen joss davon erzählt ...? ringsherum alles zugewuchert mit irgendwelchen hecken, dornensträuchern ... efeu ... auf der rückseite gab es aber eine kleine lücke, durch die man das haus von der gartenseite aus ... dort war zwar niemand, aber hinten stand die tür offen ... nur einen spalt, doch das war von der straße aus zu erkennen ... moki und joss haben aufgepasst, dass uns niemand aus der nachbarschaft ... ich bin dann über den zaun ... je näher ich kam, umso schlechter hab ich mich gefühlt ... ich weiß gar nicht, ob ich mehr angst hatte vor irgendeinem hund oder wieder nasenbluten und so weiter – mitten in einer fremden wohnung ...

zum glück ist nichts passiert ... weder das eine noch das ... und ich wollte ja nicht einbrechen, nur durch das wohnzimmer wieder nach draußen, so dämlich das auch klingt ... ich hab mich also zusammengerissen, wie joss es immer von mir verlangt, und bin los ... dann stand ich irgendwann auf der türschwelle, habe mich kurz um ... niemand war da ... ich habe gedacht, dass derjenige, der dort wohnt, vielleicht oben ... oder im keller ... na ja, ich bin dann ganz schnell durch das wohnzimmer, bis in den flur, wollte durch die eingangstür wieder raus ... das war ja die idee ... aber ich bin nicht rausgekommen ... vorne war abgeschlossen, und ein schlüssel hat von innen nicht gesteckt ... für einen moment habe ich gedacht, ich sitze in der falle ... bestimmt steht da gleich einer hinter mir und schneidet mir den weg ab ... ich wollte sofort wieder zurücklaufen ... und als ich schon fast draußen war, ist mir klar geworden, warum abgeschlossen war ... die leute dort waren gar nicht da ... weggefahren, im urlaub ... die mussten vergessen haben, hinten zuzumachen ... und der wind hatte die tür ... das war ein absoluter zufall ... das musste ich natürlich moki und joss erzählen, dass das haus leer stand ... das hätte ich vielleicht nicht tun sollen ... andererseits habe ich mich irgendwie gut gefühlt, etwas beizutragen ... zu dieser sache, bei der immer moki derjenige war ... an dem tag war ich es aber ... so falsch das auch gewesen ist ...

22. PROTOKOLL

ELÍN Ticken alle Jungen so? Weißt du, ich kannte Moki überhaupt nicht. Wie der mich vor dem Zirkuswagen angemacht hat! Wäre da am liebsten gleich wieder abgehauen. Der war unberechenbar, hitzköpfig. Der hätte mich vielleicht sogar geschlagen, wer weiß? Glaube, Mädchen denken irgendwie anders. Rationaler. Obwohl es bestimmt auch Typen gibt, die nicht gleich durchdrehen, wenn ihnen etwas nicht passt. Joss zum Beispiel. Hätte der nicht daneben gestanden. Wer weiß, was noch passiert wäre?

Was aber komisch war? Die Sache mit Basti. Den hatten wir bei dem Streit fast vergessen. Und wie der auf einmal aus dem Zirkuswagen gestolpert ist! Vor uns ins Gras. War noch total benebelt, noch nicht wieder ganz klar. Nicht nach dem, was er da verschluckt haben muss. Weißt du, was noch heftiger war: das viele Blut. Hatte nichts mit dem Nasenbluten zu tun, das er ja öfter bekommt. Wusste ich damals natürlich noch nicht. Erst später.

Der hatte über der rechten Augenbraue einen Schnitt. Ziemlich tief. Wie von einem Messer oder einer scharfen Kante. Muss ihm im Zirkus passiert sein. Beim Aufstehen. Ist ihm wie blöd aus der Stirn geschossen. Das Blut. Über das Auge und das ganze Gesicht bis auf die Klamotten. *Shocking!* Und das hat Joss dann erst so richtig wütend gemacht. Keine Ahnung, ob die vorher schon einmal so einen Streit hatten. Joss konnte aber richtig laut. Zumindest da. Hat Moki beschimpft, wie er so weit gehen könne. Ging dabei wohl um irgendwelche alten Geschichten. Hab ich nicht verstanden. Nicht zu dem Zeitpunkt. Moki gehe es immer nur um seinen Spaß. Ohne Rücksicht auf andere. Glaube, so viel Wut hätte ich Joss nie zugetraut. Nicht gegenüber Moki. War ja schließlich sein bester Freund. Dort unten zumindest mein Eindruck. Kann mich auch täuschen. Hat sich ja alles ziemlich verändert in der kurzen Zeit. Nicht nur wegen mir. Weißt du, das war schon ziemlich extrem, wenn man so darüber nachdenkt. Diese Haschischstangen, dann die Sache mit Basti.

Um was es schließlich ging? Es ging natürlich darum, was mit dem Zeug passieren sollte. Basti wollte es loswerden. Um jeden Preis. Und Joss wahrscheinlich auch, nachdem er gesehen hat, was mit Basti los war. Genau das war aber der Knackpunkt: Der Preis. Zig tausend Euro. Und die schmeißt man nicht einfach in den Fluss, oder?

23. PROTOKOLL

JOSS Wäre es nach Basti gegangen, würden die Haschischwürste längst in der Karibik treiben – und Captain Jack Sparrow könnte sich mächtig einen reinpfeifen. Aber so weit ist es ja nicht gekommen. Sie haben recht: Umgerechnet hätte man auf dem Markt eine riesige Stange Geld für das Zeug bekommen können, ein halbes Vermögen! Und wenn ich ehrlich bin: Ganz genau das war das Thema.

Als Basti mit diesem klaffenden Ei über der Stirn aus dem Zirkus getorkelt kam – wie auch immer das passiert war –, sind selbst bei mir die Sicherungen durchgebrannt. Fast zumindest. Na, ich hab Ihnen ja erzählt, wie aggro Moki auf Elín war. Und ebendiese Wut hab ich dann auch gespürt – aber nicht auf unsere Eskimo-Frau, sondern auf Moki. Dass wir von Elín dort unten überrascht worden waren, war irgendwie schon wieder halb vergessen. Es ging nicht mehr darum, wie sie hergekommen war oder wie wir sie wieder loswerden konnten. Unter dem Strich ging es einfach darum, was wir mit dem Stoff machen sollten. Ich hab nur gesehen, wie Basti aussah – und was das Zeug bei ihm angerichtet hatte. Und Moki hatte plötzlich nichts anderes mehr im Kopf, als daraus Profit zu schlagen, wenn Sie verstehen, was ich meine. Er ist überhaupt nicht auf die Idee gekommen, sich bei ihm zu entschuldigen. Oder es gutzumachen, dieses Arschloch!

Ich weiß, Moki war bis dahin immer so etwas wie unser Ansagenmacher. Der Babo. Auch wenn das niemand von uns jemals offen zugegeben hätte. Mit Elín ist da allerdings was mächtig durcheinandergeraten. Denn wenn die sich mit Moki anlegen konnte, konnte ich es auch. Zumindest dort unten am Zirkus – in dieser Situation. Basti war kaum in der Lage, aufrecht zu stehen, und Moki hat ihn ausgelacht. »Der Idiot«, hat er gesagt, »will unseren Jackpot im Fluss versenken! Wie bescheuert kann man nur sein!« Darauf hab ich gesagt, dass der einzig Bescheuerte meinem Bruder fast eine Überdosis verpasst hätte. Moki war ziemlich überrascht, dass ich ihm in den Rücken gefallen bin. Bam! Und ich muss zugeben, in dem Moment war ich mindestens genauso überrascht über mich. Dann ist Moki aber sofort auf mich los. Ich solle das noch mal sagen, hat er mich angemacht. Und dass er schließlich die Kiste mit den Raketen gefunden habe, unseren Schatz. Also dürfe auch er entscheiden, was damit passiert. Dabei ist er mir immer näher gekommen und hat mich an der Schulter gepackt. Ich weiß nicht mehr genau, was ich darauf gesagt habe. Ich wollte eigentlich nur, dass er mich loslässt. Da muss ich ihn gestoßen haben, vielleicht etwas heftig, und er ist rückwärts gegen den Zirkus geknallt. Für eine Blitzsekunde hab ich überlegt, mich zu entschuldigen. Das hätte aber wenig genutzt. Und dazu kam es auch gar nicht. Moki kam sofort wieder hoch, ist auf mich zu und hat mir mit der Faust ins Gesicht geschlagen, dass mir schwarz vor Augen wurde. Verfluchte Scheiße. Rocky Balboa, 10. Runde. Im ersten Moment spürt man gar keinen Schmerz, das kommt erst danach, kann ich Ihnen sagen! Ich war nur total benommen. Und im nächsten Augenblick merke ich, wie er mir mit dem Fuß gegen die Brust tritt.

Kennen Sie sich dort unten aus? Hinter dem Zirkus gibt es einen Moloch aus Gestrüpp. Brennnesseln und irgendwelches Dornenzeugs. Genau da hat er mich reingestoßen. Ich hatte keine Chance. Doch wenn es nur das gewesen wäre. Vielleicht hätte sich die Sache eingerenkt, und alles wäre wieder gut. Ich meine, Terror unter Kumpeln ist ab und an ja mal ganz gut, solange man sich danach wieder verträgt. Kennt ja jeder, aber nicht so.

So einen Streit hatten wir noch nie, können Sie mir glauben. Das wurde richtig ernst. Ich meine, ich hab Moki noch nie so gesehen. Nicht so durchgeknallt. Ich wollte gerade wieder hoch und aus dem

Gestrüpp raus, da verpasst er mir noch eine. Pack! Ich war sowieso schon bedient und lag in irgendwelchen Monsternesseln. Und plötzlich hat er über mir gekniet – mit einem Stein in der Hand. »Mach das noch mal, und ich mach dich fertig!«, hat er gebrüllt. Der war wie ein angeschossenes Tier, zu allem fähig. Ich glaube, er hatte eine Stinkwut auf jeden von uns: Auf Elín, weil sie uns gefolgt war, auf Basti wegen dem blöden Vorschlag, den Stoff in den Mississippi zu werfen. Auf mich, weil ich es gewagt hatte, ihn wegzustoßen. Und ich bin fest der Meinung, dass Moki mit dem Stein auch zugeschlagen hätte, wenn Elín nicht dazwischengegangen wäre. Ich meine, ich lag da vor ihm wie ein beinloser Käfer auf dem Rücken. Basti wusste nicht, wo vorne und hinten war. Der konnte froh sein, dass er wieder bei Bewusstsein war, halbwegs. Die Einzige, die noch etwas tun konnte, war Elín. Und das hat sie auch. Ich meine, sie hat Moki nicht von hinten niedergeknüppelt oder so. Nein, anders. An der Rückwand vom Zirkus standen ja die alten Eimer. Wegen unseres Dachsiebs. Und ein paar der Eimer waren in der Regel immer halb voll mit Regenwasser. Jedenfalls hab ich nur gemerkt, wie plötzlich ein Schatten über uns aufgetaucht ist. Elín hat kurz »Schluss jetzt!« gerufen und dann den Eimer über Moki und mir ausgeschüttet. Peng! Wir waren klatschnass von der Plörre. Hat tierisch gestunken, kann ich Ihnen sagen. Doch es war wie ein reinigendes Gewitter. Als hätte sich der Himmel geöffnet und uns eine kalte Dusche verpasst. Mit abgestandenem Regenwasser. Zuerst dachte ich, dass Moki jetzt auch auf Elín einschlägt. Der hat sie allerdings nur blöd angeglotzt und dann mich. Und da ist ihm wieder der Stein eingefallen, den er ja in der Hand gehalten hat. Ich weiß, ich hätte den Schlag nicht abwehren können, wenn er wirklich ernst gemacht hätte. Hat er aber nicht. Moki ist aufgestanden, hat zehntausendmal »Scheiße!« gebrüllt und den Stein in den Fluss gefeuert, so weit er nur konnte. Das war's.

24. PROTOKOLL

BASTI ich muss mich wirklich manchmal fragen, ob es das alles wert ... zuerst hab ich gar nicht kapiert, was los war, wer dieses mädchen ... und warum alle plötzlich so komisch drauf waren ... als ich im zirkus wieder zu mir gekommen bin, hab ich nur gehört, wie moki mit elín gestritten hat ... und kurz danach fing das an mit moki und joss ... so habe ich die beiden noch nie gesehen ... ich meine, joss und moki waren schon immer befreundet, schon lange bevor ich dazu ... natürlich kenne ich moki auch schon länger ... war früher aber fast nie dabei, wenn die beiden etwas unternommen haben ... ging erst los, als moki dann in meiner klasse ... das wäre alles vielleicht gar nicht so schlimm gewesen, wenn an diesem tag nicht ... na ja, vielleicht doch ... wahrscheinlich war schon mehr kaputt, als wir selbst wahrhaben wollten ... wie bei einer alten festung, bei der nur noch die außenmauern stehen ... die fassade ... und die prügelei zwischen moki und joss waren die ersten schläge, die die mauern zum einstürzen brachten ... nicht ganz, aber ins wanken ... nur ich – ich konnte nichts dagegen tun, gar nichts ... ich war wie gelähmt, musste zuschauen, wie die beiden aufeinander los sind ...

kennen sie das, wenn man nur daneben steht und unfähig ist, etwas zu unternehmen ...? hat sich angefühlt wie im freien fall ... rasen durch die luft ohne fallschirm ... und unten kommt der boden immer näher ... noch weit entfernt, doch der aufprall kommt ... so sicher wie nur was ... als würde man sich aus dem flugzeug stürzen ... in der hoffnung, an der erde vorbeizuspringen ...

25. PROTOKOLL

JOSS Ohne Elín wäre es nie so weit gekommen, das ist mal klar. Aber ohne sie wäre es dort an diesem Tag auch schon vorbei gewesen. Ich konnte froh sein, nur ein paar Schrammen abbekommen zu haben. Nichts Ernstes. Unter dem Auge ist es ziemlich angeschwollen, und es hat wie blöd gepocht. Das war der Schmerz, von dem ich Ihnen vorhin erzählt hab. Erst merkt man gar nichts, und drei Sekunden später tut es höllisch weh. Na, bis zum Hals hab ich ja in der Scheißbrennnesselsuppe gelegen, das hat mindestens genauso heftig gebrannt, am ganzen Körper. Das war's aber schon. Moki hatte ja zum Glück auch was abbekommen. Der Stoß, den ich ihm verpasst hatte – gegen die Zirkuswand –, muss doch stärker gewesen sein, als ich gedacht hab. Jedenfalls hat er hinten am Kopf geblutet, und seine Haare waren später total verklebt, was mich ehrlich gesagt ziemlich gefreut hat. Auge um Auge, Zahn um Zahn, so sagt man doch, oder? Trotzdem war diese ganze Prügelei absolut idiotisch. Überflüssig.

Wir waren keinen Schritt weiter, im Gegenteil. Als sich alles wieder etwas beruhigt hatte, haben wir vorne vor dem Zirkus im Gras gesessen, und in der Mitte lagen noch immer diese verfluchten Haschwürste. Keiner hat etwas gesagt, bis Elín irgendwann aufgestanden ist. Sie hat sich eine der Stangen gegriffen und uns gefragt, ob wir jetzt endlich mal übers Geschäft reden wollten. Übers Geschäft! Manchmal denke ich wirklich, die ist komplett durchgeknallt. Ich meine, wir drei haben alle geblutet, Moki, Basti und ich. Außerdem ist Basti noch immer mit halber Kraft durch die Luft geschwebt. Der Trip, verstehen Sie? Und er war lange nicht wieder so hergestellt, dass man sich mit ihm normal hätte unterhalten können, wobei er sich langsam wieder etwas besser in Griff bekommen hat. Schien zumindest so.

Na ja, Elín jedenfalls war ziemlich *straight,* wenn es das trifft. Und das hat uns alle mächtig umgehauen. Moki hat sie nur angestarrt. Fast so wie vorher, als sie aus den Büschen auf uns zu ist. Aber diesmal war die Situation schon etwas anders, wir hatten uns ja bereits miteinander bekannt gemacht, wenn Sie verstehen, was ich meine.

Nur sie kannten wir noch nicht, nicht mit Namen. Und das hab ich sie dann auch gefragt, ob sie sich nicht erst mal vorstellen möchte, bevor wir übers »Geschäft« reden. Sie heiße Elín. »10. Klasse, bei der Wenzel.« Moki hat gleich wieder die Initiative ergriffen und angefangen rumzugiften. »Elín?«, hat er gesagt. »Was ist denn das für ein Name? Heißen die bei euch am Nordpol alle so?« »Nur die fetten Walrösser, du Idiot!«, hat Elín darauf gesagt, was ich ehrlich gesagt ziemlich lässig fand. Basti hat sich weggeeiert, dass ich für einen Moment wieder Panik hatte, dass es genau dort wieder weitergehe, wo wir vor unserer Prügelei schon gewesen waren. Na, Moki ist zum Glück ruhig geblieben, wenigstens dieses Mal. Er hat vor sich hin gestarrt. Und dann hat er Elín gefragt, was sie denn eben gemeint habe. »Ok, du Walross«, hat er angefangen. »Bei deinem ganzen Gequatsche hier könnte man fast meinen, dass du dich damit auskennst. Mit dem Zeug. Was genau meinst du denn mit ›übers Geschäft reden‹?« »Nun«, hat sie gesagt, »ich weiß zwar immer noch nicht, wie ihr an so viel Stoff gekommen seid. Aber diese ganzen Stangen der Polizei übergeben oder in den Fluss schmeißen wollt ihr doch nicht wirklich. Dafür hättet ihr sie ja nicht extra bis hierher bringen müssen, oder?« Elín hatte recht. Wenn ich ehrlich bin, hab ich mir die ganze Zeit schon überlegt, was wir damit machen wollten. Und das mit der Polizei oder in den Fluss werfen ist ja erst Thema geworden, als Basti mit der Platzwunde auf der Stirn aus dem Zirkus gekommen ist.

Natürlich wäre das das Vernünftigste gewesen, das mit der Polizei oder dem Mississippi. Und wenn ich gewusst hätte, auf was wir uns da einlassen, hätten wir das auch tun sollen. Doch irgendwie war es komisch. Als ich mich mit Moki geprügelt hab, hätte ich sofort gesagt, dass wir das Zeug entsorgen, egal wie. Nicht dass ich es so gemeint hätte, es war nur so ein Gefühl, um Moki eins auszuwischen. Sein Schatz, für den wir fast draufgegangen wären. Mehrfach. Als wir aber so im Gras gesessen haben und jeder mit sich selbst zu tun hatte, war alles wieder anders. Elín hatte plötzlich die Fäden in der Hand, einige zumindest. Und ich hab Ihnen ja gesagt, dass sie so etwas wie Antennen hat, das besondere Gespür für die Situation. Klaro hat die gemerkt, dass wir da unten mit dem Zirkus etwas ganz Besonderes hatten, was es wert war, nicht kaputt gemacht zu werden. Und das war nur möglich, wenn wir es hinbekommen würden, uns nicht gegenseitig zu zerfleischen.

Moki ist cool geblieben. Und das hat uns alle ein wenig beruhigt. Ich glaube, er hat sie immer noch gehasst, weil er gemerkt hat, dass ihm da einiges aus der Hand genommen wurde, was eigentlich ihm zustand. Trotzdem hat er sich angehört, was Elín zu sagen hatte. Und das hätte ich ihr nicht zugetraut. Ich meine, dass sie so abgezockt ist. Als Mädchen! Von denen erwartet man so etwas am wenigsten, oder? Und das meine ich überhaupt nicht abwertend oder so. Nein, anders. Mädchen sind die besseren Menschen, hab ich immer gedacht. Seit wir aber mit Elín zusammen sind, weiß ich, dass das nur Blödsinnsdenke ist – zumindest das, was die Abgezocktheit betrifft.

Na, ihr Vorschlag war ganz simpel. »Wenn ihr das Zeug hier weder der Polizei übergeben noch in den Fluss werfen wollt, dann müsst ihr es entweder verticken – oder selber rauchen. Was meint ihr?« Und dann hat sie uns gefragt, ob sie nicht jedem erst mal eine Tüte bauen solle oder ob wir den Stoff lieber wieder in Reinform schlucken wollten. Das hat sie natürlich nicht so gemeint, glaube ich jedenfalls. So ganz sicher war ich mir nicht. Basti hat beim Wort »schlucken« nur die Augen verdreht. Ich persönlich war auch nicht sonderlich scharf drauf, das Zeug selbst zu konsumieren. Nicht, nachdem ich gesehen hatte, was mit Basti passiert war. Und klar, Moki war natürlich am meisten daran interessiert, die Haschwürste an den Mann zu bringen – für einen guten Preis natürlich. »Wovon sprechen wir denn, ich meine, was würde man dafür kriegen, wenn man es verkauft?«, hat er gefragt und Elín sogar kurz angesehen. Der Blick war dabei allerdings ein anderer, ist mir aufgefallen – seit Elín mit dem Business-Gequatsche angefangen hat. Von dem Hass vorher war nicht mehr allzu viel übrig. Und ehrlich gesagt hat mich das ein wenig erschreckt. Denn stattdessen waren da jetzt nur noch Dollarzeichen.

26. PROTOKOLL

JOSS Wahrscheinlich hab ich selbst daran gedacht. Daran, die Haschwürste zu Geld zu machen. Und mit dem Geld was weiß ich anzustellen. Moki wäre sofort nach Amerika, hat er einmal gesagt. Raus aus dem Ghetto, rüber zu seinem Bruder, der den Absprung ja geschafft hatte. Zumindest hat das Moki geglaubt. Ich dagegen glaube, die Welt sieht überall ziemlich gleich aus. Wenn man Geld hat, geht es einem gut, egal, wo man ist. Hat man keins, lauert das Elend hinter jeder Ecke – selbst wenn es gar keine gibt und da stattdessen nur Palmen stehen. Wobei auch das nicht so ganz stimmt. Unsere Eltern haben ja genug Kohle, nur ob es denen deshalb besser geht als beispielsweise Mokis Mutter mit den beiden Prinzessinnen, ist echt zu bezweifeln. Na ja, wahrscheinlich geht es einem mit Geld generell nur etwas besser als ohne. Oder weniger schlecht. Und das trifft dann selbst auf unsere Eltern zu, die sich sonst vermutlich noch mehr auf den Zeiger gehen würden.

Was Elín betrifft, war ich komplett im Unklaren. Hinter dem Geld war sie nicht her, nicht wirklich. Irgendwie ist es mir so vorgekommen, als wäre sie da in was reingeraten, was sie selbst ziemlich spannend fand. So chaotisch und anfängerhaft wir auch auf sie gewirkt haben müssen. Drei Vollspacken, die mit einer riesigen Menge Haschisch ganz oben mitspielen wollten. Aber selbst das klingt jetzt wieder zu eindeutig. Wir wollten nicht damit dealen. Vielleicht Moki. Basti und ich hatten dagegen echte Skrupel. »Ist das nicht illegal?«, hat Basti gefragt. Das war natürlich komplett naiv. Klar war das illegal, hochgradig sogar. Auch wenn es mittlerweile Länder gibt, in Südamerika oder in Teilen der USA, glaube ich, wo man das Zeug frei in jedem Supermarkt kaufen kann, um sich schon vor dem Aufstehen die Lichter wieder auf halbdunkel stellen zu können, wie es einem gerade gefällt. Hier bei uns sieht die Sache doch ein wenig anders aus, und das nicht ganz ohne Grund, nehme ich an. Na ja, ich bin kein Medizinmann, der davon Ahnung hätte. Ich weiß nur, dass es so was wie Abhängigkeit gibt und dass das für manche Leute ein ziemlich großes Problem werden kann. Wie auch immer, jedenfalls hatte ich wenig Lust, das ganze Zeug zu zerstückeln, in kleine Tütchen zu packen und an der nächsten Bushaltestelle grammweise zu verticken. Ich glaube, Basti war da sowieso ganz meiner Meinung. Vor allem nach seinem Trip inklusive Nahtod-Erfahrung, so sagt man doch, oder? Selbst Moki war das nicht ganz geheuer. »Wir müssen alles auf einmal verkloppen, in einem einzigen Komplettpaket«, hat er gesagt. »An irgendeinen Großdealer, der das berufsmäßig macht. An Profis.« »Sicher«, hat Elín gleich darauf gesagt. »Du kannst ja gleich mal twittern oder auf Facebook posten, ob nicht irgendjemand zufällig mit einem Drogenboss befreundet ist, der hier unten ein paar Dutzend Haschischstangen kaufen will.«

Das hat Moki gleich wieder aggro gemacht. Das mit dem Komplettverkauf durch die Hintertür war ja seine Idee, und eigentlich keine schlechte. Aber diese Idee gerade von Elín wieder kaputtgeredet zu bekommen, hat ihn mächtig angekotzt. Außerdem hätten wir uns damit nur selbst betrogen: jemand anderen damit beauftragen, das Zeug für uns in kleine Päckchen zu tüten, damit wer auch immer es dann auf dem Schulhof kaufen konnte. Als würde man sein eigenes schlechtes Gewissen bloß umverteilen. Und das war nicht gerade das, was wir wollten. Aber was war das überhaupt – ich meine, was wir wollten?

Moki hat Elín dann gefragt, ob sie denn eine bessere Idee hätte als die mit dem Großdealer. »Sollen wir die Haschwürste vielleicht einfrieren und euch mit dem nächsten Eisberg hoch zum Nordpol schicken, damit ihr im Winter wenigstens ein paar Farben zu Gesicht bekommt?« Das war natürlich nicht ernst gemeint. Es hat nur gezeigt, dass Moki selbst nicht wusste, was wir mit dem »Schatz« tun sollten. Na, es war also wieder an Elín, einen Vorschlag zu machen, aber nada. Basti und ich saßen nur daneben und wussten selbst nicht, was das Richtige gewesen wäre. Einerseits hätten wir die Haschwürste natürlich vernichten können. Niemand hätte was mitbekommen, und keinem hätte das Zeug geschadet. Ganz klar, das wäre wohl die sauberste Lösung gewesen. Aber auch die langweiligste. Außerdem wäre das gleichzeitig das Ende von allem gewesen. Von dem, was von uns noch übrig war.

Na, ich hatte keine Idee und die anderen drei genauso wenig. Basti hat nur gemeint, wir hätten die Stangen einfach in der Silvesterkiste auf dem Fabrikgelände lassen sollen. Niemand hätte was mitbekommen, und es wäre auch zwischen uns nie so weit gekommen. Da wollte Elín natürlich wissen, von was Basti da fasele, was das für eine Kiste gewesen sei – und welches Fabrikgelände überhaupt? Moki hätte Basti am liebsten den Kopf abgerissen, glaube ich. »Tratsch doch gleich alles aus, du Idiot«, hat er Basti angemacht. »Vielleicht sind wir dann auch gleich den Japsen los, der Zirkus ist ja sowieso schon die neue Touristen-Attraktion Nummer 1!« Moki ist wieder wütend geworden, nicht ganz zu Unrecht, wie ich finde. Da hätte Basti wirklich etwas aufpassen müssen – und wer weiß, vielleicht hätte sich Moki auch mit ihm prügeln wollen. Elín ist ihm aber gleich wieder reingegrätscht. »Ja, erzähl mir alles«, hat sie gesagt. Und dass sie versprechen würde, nichts an niemanden zu verraten. Weder unser Versteck noch die Drogengeschichte. Moki war auf 180. »Versprechen, Versprechen!«, hat er gebrüllt. »Wer sagt uns denn, dass wir dir vertrauen können? Du kommst da aus irgendeinem Eisloch aus Nordgrönland gekrochen und spielst dich hier auf, als hättest du die Mega-Connections! Kaff ist ja schon schlimm. Aber Kaff in einem Kaffland, in dem man sich jeden Morgen erst mal das Frühstücksei aus dem Eiswürfel pinkeln muss – das hat doch was von doppeltem Kopfschuss!« Na, das war zwar nicht besonders sachlich, doch Elín war daraufhin ruhig. Natürlich wussten wir nicht, ob wir ihr trauen konnten. Allerdings hat sie sowieso schon alles gewusst, fast alles. Und die Sache mit dem Motorradfahren auf dem alten Fabrikgelände war im Vergleich zu den Haschwürsten bloß Pferdchenkarussell auf dem Ponyhof. Das hätte Moki eigentlich klar sein müssen. Uns blieb keine Wahl. Alles oder nichts, das war die Bedingung. Wir mussten unser Abenteuer nicht verraten, wir mussten es nur durch vier teilen.

27. PROTOKOLL

JOSS Das war der Zeitpunkt, als der Hobbit ins Spiel kam. Na ja, kein Hobbit im eigentlichen Sinn. Er war nur ziemlich klein und hatte mächtig große Hände und Füße. Im Verhältnis zu seinem Restkörper – Oberkörper, Bauch und so weiter –, wenn Sie verstehen, was ich meine. Außerdem hatte der einen tierisch krummen Zinken im Gesicht. Moki meinte nur, vom vielen Rauchen. Oder von dem, was er sich sonst so durch die Nase gezogen habe. Wie auch immer, der Hobbit war jedenfalls ein Bekannter von Elín. Und der könne uns weiterhelfen, hat sie gesagt.

Na, so einfach war das alles allerdings noch nicht, nicht sofort. Denn nachdem Elín auf dem Laufenden war und wir unten am Mississippi das Kriegsbeil begraben hatten – vorläufig zumindest –, mussten wir uns schließlich entscheiden, was wir mit dem Zeug machen wollten. Moki war ja immer noch von seiner Idee mit dem Großdealer überzeugt, kann man ja verstehen. Und Basti von genau dem Gegenteil.

Elín hatte dann die Eingebung schlechthin. Weniger eine Eingebung als einen Vorschlag. Sozusagen, um es allen recht zu machen. »Wenn ihr das Zeug weder an andere verticken noch in den Fluss werfen wollt, bringt es einfach denen zurück, die es verloren haben, denen es eigentlich gehört«, hat sie gesagt. Und dafür könnten wir einen entsprechenden Finderlohn kassieren. Damit hat sie auf die Kiste angespielt, in der der »Schatz« ja gewesen war, bevor Moki ihn für uns gefunden hat. Na, das wäre jedenfalls tausendmal moralischer, als die Haschwürste an einen Drogenbaron zu verscherbeln, der wiederum das Zeug an diverse Kleindealer oder direkt auf dem Schulhof verticken würde. So richtig astrein war das natürlich auch nicht. Denn die eigentlichen Kistenbesitzer waren bestimmt selbst irgendwelche größeren Fische, die ihre Geschäfte mit krummen Deals machten. Irgendwie war es aber der Kompromiss, auf den wir gewartet hatten und dem wir alle zustimmen konnten. Selbst Moki war einverstanden, halbwegs jedenfalls. »Hängt davon ab, wie hoch dieser Finderlohn ist«, hat er zu Elín gesagt. »Verhandlungssache«, hat sie nur gemeint. Und es wäre zunächst wichtiger, an die Eigentümer ranzukommen, als jetzt schon das Geld mit vollen Händen auszugeben. Damit hat sie natürlich recht gehabt. Doch alles, was wir über die ursprünglichen Besitzer wussten, hat auf der Kiste gestanden, die wir ja auf dem Fabrikgelände zertrümmert hatten. Und das war nicht viel. Ich konnte mich nur noch erinnern, dass *Import – Export* und etwas mit *Fireworks* draufgestanden hatte. Das wäre doch schon mal was, hat Basti dann gemeint. Zumindest wüssten wir, dass es jemand wäre, der mit Silvesterraketen und dem ganzen Kram zu tun habe. »Vielleicht eine Firma, die das Zeug aus Fernost einführt.« Also aus China, was auch die Schriftzeichen auf den einzelnen Raketen erkläre. Wir müssten nur alle Feuerwerksbetriebe absuchen, die damit Geschäfte machten und das Zeug flussaufwärts weiterverkaufen würden. Moki ist fast wieder ausgerastet, als er von Bastis Vorschlag gehört hat. »Willst du etwa alle Läden abklappern, die irgendwelche Wunderkerzen auf Lager haben? Und selbst wenn wir da irgendeinen Schuppen finden, dann marschieren wir da nicht rein und sagen: Hey, Jungs, vermisst jemand von euch eine Kiste mit Knallern, die man zwar nicht abfeuern, dafür aber umso besser rauchen kann?«

Na, Elín war auch nicht gerade begeistert. Wir müssten etwas feinfühliger vorgehen, hat sie gesagt. »83 Haschischstangen sind ja nicht gerade wenig. Und wenn so viel Stoff auf einmal abhandenkommt, gibt es bestimmt irgendjemand, der davon weiß und danach sucht. Müssen uns nur umhören.« Und genau das sollte der Hobbit für uns erledigen, quasi eine Vermisstenanzeige aufgeben bei Leuten, denen rund 40 Kilogramm Dope verloren gegangen waren.

Bei Elín weiß man nie, woran man ist. Vor allem dann nicht, wenn man ihr das erste Mal begegnet. Und das war für uns an diesem Tag das erste Mal. Irgendwie schafft sie es immer, einen zu verunsichern, wenigstens mir ging es damals so. Und wahrscheinlich ging das jedem von uns so, also Moki und Basti auch. Denn als sie dann erzählt hat, dass sie jemand kennt, der selbst wiederum jemanden – oder sogar mehrere – kenne, der in der Szene mitmischt, ging uns echt der Stift. Einerseits waren wir total aufgedreht, dass es tatsächlich klappen könnte und wir die Haschwürste für eine Menge Geld zurücktauschen konnten – gegen diesen Finderlohn. Andererseits hatte ich schon da die Panik, dass uns das alles entgleiten würde. Ich meine, wir kannten Elín gerade mal ein paar Stunden, und schon waren wir mittendrin in einem der größten Drogendeals von Illinois bis Alabama. Und mit dem Hobbit kam gleich jemand Neues ins Spiel, den wir gar nicht einschätzen konnten und der uns verarschen konnte, wie er gerade wollte. Moki hatte genau die gleichen Bedenken, glaube ich. »Wer sagt uns denn, dass der Typ korrekt ist und du nicht gemeinsame Sache machst mit ihm?«, hat er gefragt – und das sogar in einem halbwegs normalen Ton. »Verhandlungssache ist Vertrauenssache«, hat Elín nur gesagt. »Oder willst du lieber einen Rückzieher machen?«

Na, viel mehr hat sie nicht gesagt. Es gab auch nicht mehr zu sagen. Zack, hatte sie plötzlich alle Fäden in der Hand. Und es war nur eine Frage der Zeit, bis Moki wieder ins Spiel kommen würde, um sich das zu nehmen, was eigentlich ihm zustand – seiner Meinung nach jedenfalls. Er hat aber auch klar gecheckt, Elín erst mal machen zu lassen und auf seine Chance zu warten, um dann zuzuschlagen, wenn sie es vermasseln würde. Und dass das passieren würde, war ja irgendwie klar.

28. PROTOKOLL

JOSS Fragen Sie mich nicht, was das für eine Karre war. Wahrscheinlich war die mal weiß lackiert, muss allerdings Jahrzehnte her sein. Der Hobbit hat bestimmt da drin gelebt, und vermutlich wird er dort auch beerdigt. Das hat zumindest Moki gemeint, als das Teil oben auf der Landstraße aufgetaucht ist. »Sieht aus wie ein Iglu auf vier Rädern«, hat er gesagt. »Kein Wunder, dass die sich kennen.« Na, ursprünglich war das Gefährt wohl mal ein Wohnmobil, das einige Schrammen abbekommen haben muss. Es hatte eine fast halbrunde Form, wenigstens von einer Seite aus gesehen, sodass das mit dem Iglu gar nicht so weit hergeholt war.

Basti und ich fanden es jedenfalls ziemlich komisch. Elín hat nur gemeint, wir sollten besser die Klappe halten. Schließlich könnten wir froh sein, dass sie überhaupt die Nummer gefunden habe und Ronnie auch gekommen sei. Ronnie, das war der Hobbit, den Elín vorher von Bastis Handy aus angerufen hatte, weil bei ihrem eigenen der Akku leer war. Sie hat bestimmt zehn Minuten mit ihm gequatscht, bis der sich dann endlich aufgerafft hat, zu uns zum Zirkus rauszufahren. Na, am Zirkus haben wir uns natürlich nicht getroffen, geht ja gar nicht. Es sei denn, der Hobbit hätte mit dem Iglu auch über die Büffelweide galoppieren können. Er kam dann bis vorne zu den Obstgärten, wo abends nicht mal mehr der Emmerich mit seinem Ackerporsche rumfährt.

Es muss da schon recht spät gewesen sein, neun vielleicht. Viel Zeit hatten wir nicht mehr. Basti und ich mussten ja irgendwann nach Hause. Schule und so weiter. Na ja, dunkel war es noch nicht wirklich. Denn als der Hobbit aus seinem Iglu ausgestiegen ist, hatte der noch seine Sonnenbrille auf und Adiletten an. Ziemlich albern, wenn Sie mich fragen. Und ein bisschen hat er so ausgesehen wie die Hänger, die es gerade noch zum Laufbandjogging bringen, wenn ihnen zu Hause die Tiefkühlpizza ausgeht. Vielleicht gehörte das aber zu seinem Auftreten, hab ich gedacht. Zu seinem Image. Insbesondere wenn er es mit ein paar amateurhaften Drogendealern wie uns zu tun hat. »Seid ihr die Knallerbsen, die etwas zu verkaufen haben – ein paar Kilo Chinakracher, wenn ich mich recht erinnere, ist ja echt die Dröhnung!«

Er hat tatsächlich »Knallerbsen« gesagt – und in jedem zweiten Satz, dass das oder was auch immer »echt die Dröhnung« sei. Dabei hat er ständig in sich reingegrinst, als wäre alles bloß ein Riesenspaß. Wahrscheinlich muss ihm Elín einiges über uns erzählt haben, sonst hätte er vielleicht nicht ganz so auf witzig gemacht. Die beiden haben sich dann begrüßt, Elín und er, und man hat gleich gemerkt, dass die sich schon länger gekannt haben. Nicht gut, aber gut genug, dass sie sich geduzt haben. Dabei ist der Hobbit deutlich älter. Mitte 20, glaube ich. Vielleicht 30. »Bestes Einbauküchenalter«, hätte Moki gesagt. Ganz genau war das durch die Sonnenbrille aber schlecht zu erkennen. Na, wie es dann weitergegangen ist, ist schwer zu sagen. Der Hobbit hat mehr gegrinst als geredet, bis Moki ihm klargemacht hat, dass wir die Sache doch lieber gleich angehen sollten.

»Ok, ok – keine Hektik, Cowboy«, hat er darauf gesagt. »Steck dein Schießeisen weg – wir regeln das unter uns, klar? Elín und meine Wenigkeit. Und ihr Bleichgesichter bleibt mit dem da besser mal draußen, kapiert?« Mit dem Cowboy hat er natürlich Moki gemeint, der wieder seinen Hut aufhatte. Und dem hat das natürlich überhaupt nicht gepasst. Elín und der Hobbit alleine im Wagen. Moki hat laut geflucht und wollte das Ganze schon platzen lassen. Da hat der Hobbit nur gemeint, für Kostümfeste sei ihm die Zeit doch etwas zu kostbar und wir könnten ja gleich die Bullen einschalten, wenn wir eine zweite Expertenmeinung wünschten – so hat er sich ausgedrückt. Da musste Moki klein beigeben, und Elín hat sich hinten reingesetzt – mit einem Stück Haschwurst. Wir hatten uns darauf geeinigt, dass wir dem Typen eine Art Kostprobe zukommen lassen, um ihn von der Qualität zu überzeugen, von der Ware, die wir ihm oder wem auch immer anbieten wollten. Und jetzt lag es an Elín, alles Weitere zu regeln.

Moki war komplett angenervt. Von der langen Warterei, genauso wie von Elín, die ihm gezeigt hat, in welche Richtung es zum Nordpol ging. Zu dem Zeitpunkt jedenfalls. Basti und ich standen nur daneben und wussten nicht, was wir sagen sollten. »Merkt ihr nicht, was die mit uns macht«, hat er wieder angefangen, »heute Mittag taucht die Fischkuh bei uns am Zirkus auf, und jetzt tut sie so, als hätte sie das hier alles eingefädelt. Als wäre das ihr Deal.« Ehrlich gesagt hab ich auch nicht genau gewusst, was ich von alledem halten sollte. Einerseits hatte Moki natürlich recht. Wir kannten Elín gar nicht, und in ein paar Stunden hatte die das volle Kommando übernommen. Wir waren wie gelähmt, komplett auf sie angewiesen. Andererseits hat mich das höllisch gefreut, dass da plötzlich jemand war, der mit Moki auf Augenhöhe war. Dass das ein Mädchen war, hat mich überhaupt nicht gestört. Im Gegenteil. Ich hab gewusst, dass genau das der Punkt war, der Moki am meisten beschäftigt hat: eine, die es wagt, ihn herumzuschubsen. Und das hat ihn wahnsinnig gemacht.

Na, es hat bestimmt eine Viertelstunde gedauert, bis sich etwas getan hat. Moki ist die ganze Zeit auf und ab – und Basti und ich lagen irgendwann im Gras und haben gar nichts mehr gesagt. Dann wurde eine der Igluscheiben runtergekurbelt. Als Erstes konnte man überhaupt nichts erkennen, weil alles voller Rauch war. Ich weiß nicht, wie der Hobbit da drin atmen konnte. Vielleicht mit irgendwelchen Sauerstoffjoints, die er sich von Zeit zu Zeit reinziehen musste, um wenigstens etwas Luft zu bekommen.

Als die Rauchwolke langsam weg war, hat sich das Gesicht vom Hobbit materialisiert. Was mir aufgefallen ist: Der hatte keine Sonnenbrille mehr auf. Die Augen waren krebsrot, und er hat mächtig geschielt. Ob das mit dem Schielen normal war oder von dem kam, was er von uns als Kostprobe geraucht haben muss, war schwer zu sagen. Jedenfalls schien er ziemlich entspannt. »Alter Taliban«, hat er nur gesagt, »da hat mir Elín ja nicht zu viel versprochen. Echte Dröhnung! Und ihr habt noch mehr von dem Zeug?« Fullhouse mit drei Assen und zwei Königen: neugierig war der geworden! Das Dope war wohl 1a-Qualität, das konnte man sehen. Elín hat ihm von drinnen aber gleich ein Zeichen gegeben, dass sie eine Abmachung getroffen hätten, die er doch einhalten solle. »Ok, ok – schon gut«, hat er gesagt, »ich werde seh'n, was ich rauskriegen kann. Sag deinen Cowboys hier, dass ich mich melde.« Dann ist Elín ausgestiegen, der Hobbit hat die Scheibe wieder luftdicht versiegelt, ist nach vorn ans Steuer und mit seinem Iglu in Richtung Sonnenuntergang.

29. PROTOKOLL

BASTI das mit dem smartphone war so ein ding ... wir hatten ja nur meins ... also war das auch meine aufgabe, den kontakt zu diesem typen herzustellen ... na ja, eigentlich hat die sache ja elín angeschoben ... aber irgendwann war der ja wieder weg, und da war ja klar, dass der sich bei mir melden würde ... ich glaube, einerseits war ich ziemlich stolz, so als kontaktmann ... der, bei dem alles zusammenläuft ... andererseits habe ich die halbe nacht kein auge zugetan ... vor aufregung ... der typ in seinem van war wirklich abgefahren ... joss meinte nur, ich sollte mir keine gedanken ... wenn er anrufen würde, könnte er mit dem hobbit ... das mit dem hobbit fand ich übrigens ziemlich cool, wegen der großen hände ... wie im film ... allerdings ... so richtig beruhigt hat es mich nicht ...

na ja, er hat nicht ... kein klingeln, kein pieps ... nicht in der nacht und auch nicht am nächsten morgen ... in der schule hatte ich auf lautlos ... nicht auszudenken, was der kruschka oder irgendein anderer lehrer ... wenn ich mitten im unterricht ... und das von einem, der mit drogen dealt ... selbst wenn das nur eine kleine nummer war, wie moki behauptet hat ... ich glaube, er konnte ihn nicht besonders ab ... und er hat uns die ganze zeit nur damit genervt, wegen aufpassen ... bloß nicht abzocken lassen ... »schon gar nicht von dem freak oder diesem walross«, hat er gesagt ... ich weiß, moki hatte so seine probleme mit elín ... dass sie uns aber verraten würde, habe ich von anfang an nicht geglaubt ... das war reine panikmache, um uns wieder auf seine seite zu ziehen ...

nein, die nachricht kam auf dem weg nach hause ... kein anruf, sondern eine sms ... joss hatte schon früher schluss, und ich wollte erst daheim die sachen ... zuerst habe ich gar nicht begriffen, was das für eine nachricht ... »bingo. wann, wo?«, stand da nur ... dann war mir klar, dass der hobbit diejenigen gefunden haben musste, denen die kiste ... und jetzt wollte er von uns wissen, wann und wo ... von mir wollte er das wissen ...! ich war ziemlich aufgeregt, wissen sie ... darüber hatten wir uns nämlich überhaupt keine gedanken gemacht ... blöd, nicht ...? wollte natürlich erst mit den anderen reden, bevor wir etwas, aber der typ ... fünf minuten später gleich noch einmal ... diesmal nur ein wort: »probleme?«, hat er geschrieben ... ich ... totale panik ... war, wie gesagt, gerade allein zu hause, während die anderen am zirkus ... doch ich konnte nicht länger ... was hätte ich denn ...? wäre ich erst zum zirkus, wäre die übergabe vielleicht geplatzt ... und erreichen konnte ich auch niemand, nicht mal joss ...

ich musste also einen treffpunkt für die kiste für die übergabe ... ein ort, ohne uns zu verraten ... mir ist nichts eingefallen ... auf die schnelle ... am zirkus – oder irgendwo in der nähe davon – war nicht möglich, das war ja unser versteck, auch wenn elín uns da gefunden hatte ... das gleiche mit dem fabrikgelände ... musste also ein neutraler ort sein, an dem wir uns auskannten und wo wir sonst nie mehr hinkommen würden ... und das einzige, was mir dann eingefallen ist, war das haus mit der terrassentür ... das hatte ich ihnen vorhin ja erzählt ... als ich damals drinnen war, da war ein wandkalender ... dort stand, wann die leute aus dem urlaub ...

ich weiß, das hätte ich nicht tun sollen ... war ja nicht unser haus – also fremdes eigentum ... das tut mir leid, wirklich ... alles, was passiert ist ... ich musste dem hobbit nur schnell antworten ...

30. PROTOKOLL

JOSS Moki hat getobt, als er von der Übergabe gehört hat. Wir waren alle da: er, Elín, Basti und ich. »Macht jetzt jeder, was er will!«, hat er geschrien. Erst hätte Elín diesen ganzen Mist mit dem Iglu-Hobbit angezettelt und jetzt wollte sich Basti mit ein paar Typen in einem leer stehenden Haus treffen. Irgendwie hatte ich so was ja erwartet. Ich meine, dass er austickt bei irgendwelchen Entscheidungen, die er nicht selbst getroffen hatte. Kann man ja verstehen, einerseits. Andererseits muss ich Basti wirklich in Schutz nehmen, denn die Idee mit dem Haus war gar nicht so schlecht. Eine echte Eingebung, wenn Sie mich fragen! Na, Elín hat Moki dann wieder den Stecker gezogen. »Ist doch ein Spitzengedanke, dieses Haus«, hat sie gesagt. »Basti kennt sich dort schon aus, und eigentlich ist es fast egal, wo wir das Zeug übergeben, oder?« Im Prinzip hatte sie recht. Eigentlich war es wirklich gleichgültig, wo wir die Kohle entgegennehmen, solange wir überhaupt etwas davon sehen. Allerdings war das nur der Auslöser für den nächsten Ausraster. »Haben wir das denn überhaupt schon klargemacht, wie viel Geld wir überhaupt bekommen?«, hat Moki gefragt – und dabei Basti angeglotzt. »Stand in der SMS irgendwas darüber, wie viel sie uns zahlen wollen? Oder hab ich da was überlesen – bei den vielen Wörtern?«

Sie müssen jetzt denken, dass wir komplette Idioten waren, oder? Und irgendwie stimmt das ja auch. Wir hatten 83 Haschwürste – sozusagen im Angebot – und wollten uns in einem fremden Haus mit irgendwelchen Typen treffen, um ihnen ihre Ware wiederzugeben – ohne zu wissen, was wir dafür bekommen konnten. Also der Finderlohn, der uns ja zustand.

Moki hat erst Basti angemacht – und dann Elín, ob sie so was wie eine kostenlose Dealer-App oder was auch immer habe. Hatte sie natürlich nicht, dafür aber eine grobe Ahnung, was Sache war. »Tja, auf dem freien Markt kostet der Stoff zwischen fünf und zehn Euro, je nachdem«, hat sie uns gesteckt. *Je nachdem* hat so viel geheißen wie: Qualität, Reinheit und so weiter. Und die war ja einwandfrei – das war dem Hobbit am Abend vorher quasi von den Augen abzulesen.

Na, wir haben trotzdem vorsichtig kalkuliert. Eine Haschischstange hatte rund 500 Gramm. Mal 83 waren das rund 40 Kilo. Und wenn wir nur fünf Euro pro Gramm bekommen würden, wären das 5000 für das Kilo gewesen. »Wir sprechen also von 200 000 Euro, mindestens!«, hat Moki hochgerechnet. Elín hat nur genickt. Basti und ich müssen allerdings ziemlich gegrinst haben, als wir gerafft haben, wie viel Kohle wir mit dem Zeug machen konnten. Ich meine, 200 000 Euro sind ein bisschen mehr als das Taschengeld, das wir von zu Hause bekommen. Wir waren total geflasht, kann ich Ihnen sagen. Elín ist aber gleich wieder auf die Bremse: »Noch haben wir das Geld nicht«, hat sie gesagt. »Und weil sie das Zeug ja nicht selbst konsumieren, sondern nur zurückhaben wollen, um es weiterzuverkaufen, werden sie wohl kaum bereit sein, uns so viel Kohle zu geben.« Moki hat kurz geflucht. »Scheiße«, hat er gesagt, »aber ok, dann gehen wir halt runter auf 150 000 Euro – oder 100 000. Da bleibt immer noch einiges hängen für uns.«

Er hat tatsächlich »für uns« gesagt! Das hat mich etwas überrascht. Ob er mit diesem »für uns« auch Elín gemeint hat, war allerdings nicht ganz klar. Vielleicht hat er in dem Moment nicht darüber nachgedacht. Vielleicht wollte er auch nur keinen neuen Streit anzetteln. Ich meine, wir hatten uns wirklich schon genug gestritten wegen des Zeugs – außerdem mussten wir die Sache jetzt gemeinsam durchziehen.

Na, Moki war mit den 100 000 oder 150 000 Euro jedenfalls immer noch genug angefixt, dass er das mit der Location geschluckt hat, irgendwie. Zumindest konnte er sich langsam beruhigen und wieder klar denken. »Zugegeben«, hat er gesagt, »das mit diesem Haus ist vielleicht wirklich keine ganz schlechte Option. Wenigstens kennt uns dort keiner – und es wäre nur gut, wenn uns auch danach keiner erkennen würde.« Dabei ist er aufgestanden und zum Zirkuswagen. Zwei Minuten später war er wieder draußen. Über seinen Schultern hatte er eine alte Jacke und statt seines Huts eine Art Zylinder auf dem Kopf. Basti und ich müssen ganz schön gegrinst haben, so bescheuert sah der aus. Und Elín hat ihn gefragt, was das denn jetzt für eine Blödsinnsidee sei.

»Keine Blödsinnsidee, du Walross«, hat er gesagt – und in dem Zusammenhang klang das irgendwie fast nett. »Ganz im Gegenteil. Wozu haben wir hier extra einen Zirkuswagen geparkt, wenn wir die Klamotten nicht nutzen?« Keine Frage, die Tracht war Mokis voller Ernst. Und bevor wir rund 40 Kilo 1a-Haschisch verticken konnten, mussten wir zur Kostümprobe. Basti, Elín und ich.

31. PROTOKOLL

JOSS Wir sind dann von hinten rein. In das Haus, so wie Basti vorher. Zwei Stunden bevor der Deal über die Bühne gehen sollte – beziehungsweise über den Wohnzimmerteppich, wie Moki zwischendurch gemeint hat. Na, die Hütte war auf jeden Fall mächtig prächtig, kann man nicht anders sagen. Der reinste Palast! An den Wänden hingen überall irgendwelche Gemälde mit riesigen Köpfen. Alle rechteckig, quadratisch. Porträts, bei denen man keinem wünscht, in echt Modell gestanden zu haben. Ich bin in Kunst ja kein Weltmeister, aber das Gleiche hätte man von dem Maler behaupten können, der den Kram verzapft hat. Na ja, vielleicht waren sie wenigstens teuer, mein Geschmack war es jedenfalls nicht. Zwischen den Bildern stand da noch ein riesiger Flachbildschirm, so groß wie ein Tierkäfig – Freigehege für Nashörner. Daneben reihenweise dicke Bücher, dass man kaum erkennen konnte, welche Farbe die Wände hatten. Eine war komplett lila gestrichen, violett, so viel war noch zu sehen. In einer Ecke gab es auch einen Kamin – und unter dem Couchtisch hat eine Art Fell gelegen. Ein Flokati, laut Elín. Moki hat nur gefragt, ob das was mit Flöhen zu tun habe. Den Joke hat da aber keiner verstanden, wenn es überhaupt einer war. Na, wir hatten auf jeden Fall genug Zeit, um uns im Palast umzusehen. Licht haben wir erst mal natürlich keins gemacht. Die Hütte war zwar ringsum zu mit ziemlich hohen Bäumen, und wir konnten natürlich nicht wissen, wer da von draußen noch ein Auge drauf haben konnte.

Irgendwie war das schon ein reichlich komisches Gefühl, in einem wildfremden Haus zu sein, kann ich Ihnen sagen. Wie damals die Kids in Hollywood, die in die ganzen Promi-Villen eingestiegen sind. Total abgefahren. Einerseits diese Aufregung, was wohl kommt.

Andererseits haben wir uns in unseren Zirkusklamotten gefühlt wie Superhelden, die das ganz große Ding durchziehen. Elín sah ziemlich heiß aus. Die hatte ein weißes Kleid mit silbernen Glitzerplättchen an, Pailletten heißt das, glaube ich, und jeder Menge Bling-Bling. Dazu hochhackige Schuhe und eine blonde Perücke auf dem Kopf. Ich selbst war es eher schlicht angegangen, genau wie Moki. Das Jackett, das mir einigermaßen gepasst hat, war weinrot mit schwarzem Revers und hat gestunken, als wäre es die letzten 30 Jahre nie aus der Kiste gekommen, die bei uns immer hinten an der Wand gestanden hat. War wahrscheinlich auch so – in einer Jackentasche hab ich sogar einen alten Programmzettel gefunden, ziemlich vergilbt, auf dem irgendein »Großer M« angekündigt wurde. Statt Mokis Zylinder hatte ich mir eine schwarze Kappe rausgekramt, ziemlich verfilzt, die hatte schon mehr mit Flöhen zu tun als das Zottelschaf unter dem Couchtisch.

Na, Basti hatte ein Rüschenhemd anziehen müssen, das ihm zwei Nummern zu groß war, mindestens. Darüber eine ebenfalls viel zu große Jacke. Er ist sowieso der kleinste von uns, kein Wunder, dass ihm da nichts gepasst hat. Ich muss schon sagen, das war schon ziemlich *strange*, wie wir da gewartet haben. Aber durch die Verkleidung haben wir uns irgendwie sicherer gefühlt. Älter, nicht wir selbst, wenn Sie verstehen, was ich meine. Und: Das hatten wir uns vom Hobbit abgeschaut – wir hatten alle Sonnenbrillen auf, damit die Typen nicht sofort sehen konnten, wie alt wir waren. Beziehungsweise wie jung. Klar, wir hätten nicht die ganzen Zirkussachen anziehen brauchen. Im Haus selbst waren ja auch Garderobenschränke voller Klamotten. Ein ganzes Zimmer nur zum Anziehen, muss man sich mal vorstellen! Und eine ganze Wand oben bestand nur aus Schuhen. Wir hätten uns zehnmal umziehen können. Allerdings haben wir uns irgendwie wie Gäste gefühlt, klingt jetzt komisch. Aber wir waren schließlich nur da drin, um den Deal abzuwickeln, das war alles. Wir wollten nichts mitgehen lassen – oder kaputt machen. Dass dann doch einiges danebengelaufen ist, tut uns wirklich leid. Und wir machen das auch irgendwie wieder gut, das können Sie den Leuten ruhig sagen.

Na, je länger die Warterei gedauert hat, umso merkwürdiger wurde die Stimmung unter uns. Ich meine, Moki ist die ganze Zeit auf und ab. Zwei Stunden lang. Ständig hat er aus dem Fenster geglotzt, um zu sehen, ob die Typen anrücken. Der Plan war, sie im Wohnzimmer zu empfangen. In einer Schublade im Flur hatten wir einen Ersatzschlüssel gefunden, für die Haustür, sodass wir wenigstens vorne aufmachen konnten. Was hätten die sonst von uns denken müssen – dass wir uns in einem Haus treffen, zu dem wir selbst keinen Zugang hatten? Die 40 Kilo hatten wir unten im Heizungskeller deponiert. Das sei ein »taktischer Zug«, hat Moki behauptet. »Die brauchen ja nicht gleich alles auf einmal sehen. Wenn sie bezahlt haben, geben wir ihnen den Schlüssel und verschwinden in der Zwischenzeit.« Als Beweis dafür, dass wir das Zeug tatsächlich besaßen, hatten wir eine Haschwurst auf den Couchtisch gelegt – das sollte genügen, haben wir gedacht, um ins Geschäft zu kommen. Und dann war da noch die Frage, wer mit den Typen verhandeln sollte. Ich war felsenfest davon überzeugt, dass das Moki sein würde. Der lässt sich das nicht nehmen, hab ich gedacht. Nicht jetzt, wo ihm Elín davor die komplette Show gestohlen hatte. Schließlich war er verkleidet wie wir alle, und er war es, der so dringend an das Geld wollte.

Aber nada. Moki hat komplett das Feld geräumt und bestimmt, dass Elín und ich die Sache mit den Typen regeln sollten. Zu Elín hat er nur gemeint: »Du hast den Deal eingefädelt, also bringst du ihn auch zu Ende.« Und dass ich ihr quasi assistieren sollte, hat er damit begründet, dass ich dem Ganzen ja zugestimmt habe. Irgendwie hatte ich den Eindruck, dass Moki sich bei der Sache nicht mehr ganz wohl gefühlt hat. Als würde er darauf warten, dass irgendetwas schiefgeht. Na ja, vielleicht nicht darauf gewartet, das ist der falsche Ausdruck. Vielmehr war er froh, die Verantwortung an uns abzudrücken. An die, die ihn vorher verraten hatten. Das war zumindest mein Gefühl. Er hatte den Plan mit dem Heizungskeller gemacht – und wir sollten ihn nun umsetzen. Ziemlich abgezockt, wenn Sie mich fragen. Würde der Plan klappen, wäre es seine Idee gewesen. Würde allerdings etwas aus dem Ruder laufen, hätten wir es verbockt. In dem Moment war ich aber nicht in der Lage, ihm Kontra zu geben. Und irgendwie war das ok für mich – weil es auch für Elín ok zu sein schien. Zumindest hat sie so getan, wenngleich das alles nicht ganz überzeugend klang. »Ist wahrscheinlich besser so«, hat sie nur gemeint. »Was kann schon passieren? Solange sie uns nicht abknallen und mit dem Stoff verschwinden.«

32. PROTOKOLL

JOSS Um kurz nach elf sind die Typen angerückt. Vor dem Haus hat ein Lieferwagen geparkt. Der ist einfach die Einfahrt hoch – ohne irgendwelche Scheinwerfer. Elín und ich hätten es fast verpasst, so müde waren wir von der Warterei. Dann hat es vorne geklopft, und ich hab durch den Spion gesehen, dass da ein paar Männer vor dem Haus standen. Genauer gesagt waren es zwei Typen und der Hobbit. Den hatten wir gar nicht auf dem Schirm. Ich meine, der sollte den Kontakt herstellen und nicht gleich mit anrücken. Doch vielleicht war das besser so, hab ich gedacht. Der kannte Elín – und wir kannten ihn. Vielleicht würde das Ganze dann einfacher über die Bühne gehen, reibungsloser. Im Nachhinein denke ich aber, der wollte nur seinen Anteil. Dem war es ziemlich egal, wer hier wen abzog. Da lag irgendwo im Haus eine ganze Menge Spitzenstoff. Und ob er nun Kohle sehen würde oder ein paar Kilo abbekommt – sozusagen als ganz persönlichen Finderlohn –, war dem mit Sicherheit vollkommen gleichgültig.

Na ja, ich hab das Reden Elín überlassen. Sie war mit dem Hobbit per Du – und auch die beiden anderen Typen schienen sie nicht wirklich zu beeindrucken. Ich meine, das muss man Elín wirklich lassen. Ich weiß nicht, ob das an ihrer »Eskimo-Fassade« liegt, wie sich Moki einmal ausgedrückt hat, man kann ihr aber nichts aus dem Gesicht ablesen, keine Regung, kein Zucken. Nichts. Elín bleibt eigentlich immer cool. Der könnte man eine Harpune durchs Auge stechen, und sie würde mit dem anderen nicht mal blinzeln, hat Moki gesagt, was ja irgendwie zeigt, dass er doch einiges von ihr gehalten haben muss. Auch wenn er das nie zugeben würde.

Ich dagegen hab kaum ein Wort rausgebracht, ich war viel zu aufgeregt. Der Hobbit ist gleich ins Wohnzimmer und hat sich die

Haschwurst auf dem Couchtisch gegriffen. Volle Dröhnung, hat er wieder gesagt. »Volle, volle Riesendröhnung!« Und dabei hat der in sich reingeeiert, als bekäme er jetzt die Gelegenheit, sich das ganze Zeug auf einmal durchzuziehen. Die anderen beiden sind hinter ihm her, allerdings nur halb so aufgedreht. Der Kleinere hatte einen Koffer in der Hand, der hat sich direkt neben der Wohnzimmertür postiert. Ich war mir sicher, dass dort die Kohle drin sein musste, die sie uns geben würden, wenn sie ihren Stoff zurückbekommen. Der andere war der Boss, keine Frage. Zumindest der, der von den dreien das Sagen hatte. Er war recht groß, größer als Moki. Dünn, schlaksig – mit überlangen Armen und Beinen. Dazu dieser Kopf, verhältnismäßig riesig, kann ich Ihnen sagen. Ohne Wangen. Dem kamen die Knochen unter den Augen nur so durch die Haut – und er hat sich ständig mit der Zunge über die Lippen geleckt. Nicht so wie der *Joker* in Batman. Anders irgendwie. Fast wie bei einem Tier, hab ich gedacht. Basti hat gemeint, der Typ habe etwas Insektenartiges. Mit diesen Fangarmen wie ein Grashüpfer oder eine Stabschrecke. Ich glaube, das trifft es ziemlich gut. Dazu hatte der nach hinten gegelte Haare, einen schwarzen Anzug – aber keine Socken, wahrscheinlich sollte das besonders lässig wirken, was es allerdings nicht getan hat. Nicht wirklich. Und er war ungeduldig. »Wo ist der Rest?«, hat er gefragt und sich wieder über den Mund geleckt. Schon da war mir klar, dass dieses Insekt ein Riesenarschloch sein musste, und dass das mit den 200 000 ganz schnell nach hinten losgehen würde, wenn wir nicht aufpassen würden. Elín ist, wie gesagt, ziemlich entspannt geblieben. »An einem sicheren Ort«, hat sie nur gesagt. Ich glaube nicht, dass der Typ das hören wollte. Doch auch der konnte sich recht gut beherrschen, zumindest zu dem Zeitpunkt noch. »Hm, da haben wir es ja mit Profis zu tun«, hat er rausgebracht und versucht zu grinsen. Aber davor habe sie Roy ja schon gewarnt. Mit Roy hat er den Hobbit gemeint, der bei Elín ja noch Ronnie geheißen hat. Keine Ahnung, wie viele Namen der hatte und welchen er als Drogenkünstlername gebraucht hat. Vielleicht heißt er ja Ronnie-Roy oder andersrum, wobei auch das nicht besser klingt, oder? Jedenfalls glaube ich nicht, dass der Hobbit mit den anderen beiden Typen sehr eng war. Er wird sie nur gekannt haben, hab ich gedacht – geschäftlich –, und jetzt hat er versucht, auch etwas vom Kuchen abzubekommen. Na ja, wir mussten eben vorsichtig sein.

»Dann wollen wir mal übers Business reden«, hat das Insekt wieder angefangen. Das war der Zeitpunkt, als der Kleinere mit dem Koffer ins Spiel kam. Der hatte Armeestiefel mit Stahlkappen an und fast den gleichen Anzug wie der andere. Nur in kurz und breit – und nicht ganz so auf Hochglanz gebügelt. Und an den Händen hatte der mehr Ringe als Finger. Ich glaube, der muss überall am Körper tätowiert gewesen sein. Aus den Ärmeln ist dem irgendetwas Schlangenartiges gekrochen, über den Handrücken sozusagen. Und der ganze Hals war voll mit so abartigem Drachenkram. Ein Teil der Tattoos war selbst gestochen, ganz sicher, so schlampig wie die aussahen. Moki hat einmal gesagt, das sei ein Zeichen dafür, dass jemand im Knast gewesen war. Und so wie der auch sonst so rüberkam, war ich mir fast sicher, dass der dort ein Dauer-Abo gehabt haben muss.

Statt der zurückgegelten Haare wie das Insekt hatte er einen Zopf – nach hinten gebunden. Seitlich war alles ausrasiert, sodass man gut erkennen konnte, was der sich so durchs Gesicht gestochen hatte. Und das war eine Menge, kann ich Ihnen sagen. Als wäre er mit dem Kopf in eine Werkzeugkiste gefallen – Platz 1 auf jeder Mugshot-Liste, wenn Sie verstehen, was ich meine.

Jedenfalls hat er den Aktenkoffer auf den Couchtisch gelegt und ist wieder in seine Ecke. Dann hat sein Insektenboss die Schnallen aufschnappen lassen. Klack, klack – Sesam öffne dich. Ich dachte, der würde den Koffer jetzt tatsächlich aufklappen und drin wären ein paar Dutzend 500-Euro-Bündel. Fein säuberlich, wie man das aus diesen *trashigen* Gangsterfilmen kennt. Und die würde er uns in die

Hand drücken – aus lauter Dankbarkeit für die verloren gegangene Ware. Ganz so ist es leider nicht gelaufen. Der Koffer war zwar nicht mehr verschlossen, der Insektenmensch hat ihn allerdings auch nicht aufgeklappt. Und wir konnten nicht sehen, was drin war.

»Ihr habt da was, was uns gehört. Und genau das hätten wir gern wieder«, hat er gesagt. Klang nicht gerade freundlich, kann ich Ihnen sagen. Der Typ hat sich eher etwas verärgert angehört, und ich hatte nicht den Eindruck, dass er große Lust auf so was wie ein Kennenlerngespräch hatte.

»Gut«, hat Elín darauf gesagt, »der Stoff interessiert uns nicht. Könnt ihr alles zurückbekommen, gegen eine entsprechende Belohnung natürlich.« Sie stand dem Insekt mit der Gelfrisur genau gegenüber – Stabschrecke gegen Walross, hätte Moki dazu gesagt – und hat ihm dabei stur in die Augen geblickt, so viel konnte ich trotz Sonnenbrille erkennen. Sie hat sich nicht einschüchtern lassen. Die hat seinem Blick standgehalten wie ein Denkmal, absolut. Ich glaube, wenn ich an ihrer Stelle gewesen wäre, ich hätte ihm sofort den Schlüssel für den Heizungskeller gegeben – nicht mal nach zehn Sekunden – und wäre froh gewesen, wenn sie uns nicht noch wegen dem Teil dranbekommen hätten, den Basti ja noch am Verarbeiten war. Elín war da aber ganz anders drauf, tausendmal abgezockter. Die hat nicht einmal gezuckt, als diese Nagelfratze – also der Kleinere – sein Messer rausgeholt hat, auf uns zu ist und eins der Gemälde aufgeschlitzt hat, die neben dem Kamin gehangen haben. Stellvertretend für uns, versteht sich. Wie gesagt: Elín hat nicht gezuckt, nicht ein einziges Mal!

33. PROTOKOLL

BASTI das mit den aufnahmen war vorher nicht abgesprochen ... natürlich ... ich hatte das handy ... war ja zuständig – bei unseren sprüngen draußen ... das hatte ich ihnen ja ... moki kam aber plötzlich auf die idee, die übergabe zu filmen ... der eigentliche plan – und die idee hatte er nicht erst dort ... da bin ich mir sicher ... deswegen mussten wir alle auch in diese albernen kostüme ... um nicht erkannt zu werden auf dem video, wenn wir es tatsächlich der polizei ...

natürlich wollte ich nicht ... viel zu großes risiko ... moki stand aber direkt neben mir ... draußen im garten, während joss und elín drinnen den rest geregelt haben ... ich solle schon machen ... ich angstbrot ... dann hätten wir die typen in der hand ... ich weiß nicht, was ich da, in dem moment ... das war sehr viel übler als alle mutproben zusammen ... wir hinter einer dieser hecken ... konnten alles mitansehen ... es war stockdunkel um uns rum ... nur drin hatten sie licht ... elín ... gegenüber dieser größere insektentyp, der einen ziemlich schicken anzug anhatte ... dann noch einer mit einem koffer an der tür – und der hobbit ... der mit dem wohnmobil vom tag vorher ... was der denn dort mache, hat sich moki aufgeregt ... der sei nicht eingeplant gewesen ...

ich wusste nicht, was ich davon ... aber ich hatte keine wahl ... jetzt erst recht, hat moki gesagt ... wenn die uns linken würden, dann wir die auch ... natürlich musste ich nachgeben ... schreckliches gefühl ... was, wenn die merken, dass sie gefilmt würden ...? die männer sahen nicht so aus, als würden sie spaß verstehen ... das können sie mir glauben ... elín stand dem größeren gegenüber, die ganze zeit ... und irgendwie muss da drin etwas schiefgelaufen sein, denn auf einmal hat der andere ein messer ... der ist auf die wand zugegangen ... dann hat er eins der bilder ... nicht das ganze bild, nur das gesicht der frau, des porträts ... anschließend ist er auf elín zu ... mit dem messer direkt unter ihre nase ... der andere mann, der, mit dem sie davor geredet hatte, hat nur gegrinst ... und ich, ich ... ich hatte plötzlich wieder diesen druck auf der stirn ... sie wissen schon ... das ist wie verhext ... ich kann nichts dagegen tun ... und im nächsten augenblick merke ich, wie mir das blut wie blöd aus der nase schießt ... dann wird alles schwarz ... und als ich wieder zu mir ... da liege ich auf dem boden im wohnzimmer ... und der mann mit dem messer steht direkt über mir ...

34. PROTOKOLL

JOSS Elín hätte diese Psychokacke mit dem Messer bestimmt durchgehalten, hätten wir von draußen nicht den Schrei gehört. Es ging alles ziemlich schnell. Die Nagelfratze ist auf Elín zu, und aus dem Garten hat Basti laut gebrüllt. Zwei Sekunden später hat ihn der Typ durch die Tür getragen und vor uns auf den Boden gerollt. Moki kam hinterher – in seinem bescheuerten Kostüm. Ich hab erst gar nicht gerafft, was los gewesen ist. Basti muss aber die Panik bekommen haben und ohnmächtig geworden sein, als der Nagelmann mit dem Messer auf Elín los ist. Und jetzt lag Basti da – voller Blut, ohne dass ich etwas für ihn tun konnte.

Der Insektenmensch hat sich mit der Zunge nur über die Lippen geleckt, als würde da eine fette Schmeißfliege draufsitzen. »Bekannte von euch?«, hat er gesagt. Natürlich wusste der, was Sache war. Der Hobbit muss ihm alles gesteckt haben, zumindest dass wir zu viert waren. Vielleicht war der davor deswegen so schräg gewesen. Als Basti nun aber auf dem Boden lag und Moki daneben stand, ist er gleich wieder ernst geworden. »Und ich hatte gehofft, wir hätten keine Geheimnisse voreinander«, hat er gesagt. »Warum spielt ihr dann draußen Verstecken?«

Darauf hat Moki gesagt, dass sie sich nicht versteckt hätten, sondern gerade reinwollten, als Basti ohnmächtig geworden sei. »Das hat er öfter, wenn er aufgeregt ist.« Das war das Einzige, was Moki rausgebracht hat – und es klang nicht sonderlich überzeugend, wenn Sie mich fragen. »Was euer Negerfreund nicht alles sagt«, hat das Insekt dann wieder angefangen. »Aber sei's drum. Denn jetzt, wo alle da sind, können wir uns ja wieder dem Geschäft widmen.« Irgendwie klang das fast freundlich, zumindest im Ton. Das mit dem »Negerfreund« natürlich nicht – und das ist Moki ziemlich aufgestoßen, das konnte man sehen. Ohne dass er etwas dagegen tun konnte.

Na, jedenfalls hat sich Elín dann wieder eingeschaltet. »Zeig uns die Kohle – und wir zeigen dir, wo du den restlichen Stoff findest«, hat sie dem Insektentyp gesteckt. Der hat nur seinen riesigen Schädel geschüttelt und gleich wieder die Fühler ausgestreckt. »Wir wollen doch nichts überstürzen. Ich glaube, ihr habt immer noch nicht verstanden, worum es hier geht, oder? Wir haben etwas verloren, durch einen unglücklichen Zufall, das will ich gar nicht bestreiten. Und ihr habt es gefunden. Für uns. Und dafür bin ich euch wirklich dankbar.«

»Dankbar – in welcher Höhe?«, hat Elín gefragt. »So viel, wie hier drin ist«, hat er darauf gesagt und auf den Koffer gezeigt, ziemlich schmierig, wenn Sie mich fragen. »Wenig viel. Aber viel weniger, wenn ihr euch weiter so blöd anstellt.« Wenig viel – was sollte das bedeuten, hab ich mich gefragt. Als wäre der Deal schon fix. Irgendwie war es wie Poker, bei dem einer schon weiß, was die anderen für Karten haben. Und wir waren die anderen. Klaro, der hatte das Geld im Koffer. Nur wie viel es war, konnten wir nicht abschätzen. 200 000. Oder 50 Cent für den nächsten Kaugummiautomaten. Weder Elín noch Moki oder ich hatten auch nur irgendeinen Schimmer. Und Basti war noch halbwegs außer Gefecht. Der saß nur auf einem Stuhl und hat sich mit einem Taschentuch die Nase gehalten. Ich glaube, das Einzige, was er sich gewünscht hat, war, dass alles vorbei gewesen wäre und wir heil rauskommen würden, einigermaßen wenigstens.

Der Insektenmensch jedenfalls ist drangeblieben. Er hat zwar klargemacht, dass er bereit wäre zu zahlen. Um welche Summe es ging, hat er allerdings offengelassen. »Nun«, hat er gesagt, »ich habe euch gesagt, wo ich das Geld habe. Jetzt sagt ihr mir doch, wo ihr die restlichen Raketen versteckt habt.« Elín hat kurz überlegt. Dann hat sie ihm gesteckt, dass der Stoff im Heizungskeller sei. »Ist aber abgeschlossen«, hat sie gesagt. »Und für den Schlüssel bekommen wir 100 000.« Ich weiß nicht, ob das ein Fehler war. Ich meine grundlegend. Das heißt: dem Typen eine feste Summe zu nennen. 100 000 – das war ein mächtiger Haufen Geld, zweifelsohne. Mir war aber klar, dass Moki von 150 000 oder sogar 200 000 ausgegangen ist und dass genau das das Problem werden würde, später. Na, das Insekt ist gar nicht darauf eingestiegen. Allerdings hat der Hobbit bei 100 000 durch die Zähne gepfiffen und wieder angefangen, in sich reinzukichern. Volle Dröhnung, kann ich Ihnen sagen. Ich glaube, dem war gar nicht bewusst, um wie viel es hier überhaupt ging. Und wenn der einen festen Anteil vereinbart hatte – zum Beispiel 20 Prozent vom Verkaufspreis – also von unserem Finderlohn –, wären das fette 20 000 für ihn gewesen. Für Ronnie-Roy.

Der Insektenmensch hatte aber ganz andere Vorstellungen. »100 000?«, hat der gesagt. »Für etwas, was ohnehin schon mir gehört?« Mir war klar, dass der mit seinem dreckigen Hintern längst auf uns gesessen hat und nur noch abzuwarten brauchte, bis wir dort reinkriechen. Wir mussten nehmen, was wir kriegen konnten – und selbst wenn der uns nur das Taxi zurück zum Zirkus spendiert hätte, hätte ich wahrscheinlich angenommen. Elín ist runter auf 50 000, dann auf 40. Und irgendwann auf 30 000. Der Insektenmensch hat das einfach ausgesessen. Ignoriert. Der wusste ganz genau, wie wir zu kriegen waren und dass wir mit niemand anderem verhandeln konnten. Nicht jetzt, nachdem der Hobbit und auch er davon Wind bekommen hatten. Was sollten wir denn machen beziehungsweise Elín? Die hat nur gesagt: »20 000 – oder das Zeug bleibt, wo es ist. Dann könnt ihr versuchen, das Schloss zu knacken – und wenn ihr Glück habt, schafft ihr es, bevor die Bullen anrücken, um euch dabei zu helfen.« Das klang wie eine Drohung. Der Insektenmensch hat sich zwar nichts anmerken lassen, aber es hat in ihm gearbeitet.

Ich war wirklich gespannt, was jetzt kommen würde. Elín hätte nicht noch ein Angebot gemacht, mit Sicherheit nicht – stattdessen hätte sie, glaube ich, eher auf den Deal verzichtet, und wir wären alle ohne einen einzigen Cent abgezogen. Es lag also am Insekt, uns etwas anzubieten. Und genau das hat der Typ dann getan. Der Koffer lag ja noch auf dem Couchtisch, unangetastet. Er hat ihn aufgemacht – und da drin war jetzt nicht wirklich alles voller 500-Euro-Scheine, wie ich mir das vorher vorgestellt hatte. Etwas Geld hatte er allerdings dabei. 10 000, um genau zu sein – in Hundertern. Die hat er rausgenommen, abgezählt und auf den Tisch gelegt, neben den Koffer. Dann hat er gesagt: »Das ist der Deal, nicht mehr, aber auch nicht weniger. Ihr gebt uns den Schlüssel, nehmt den Zaster und verschwindet. Kapiert?« Elín hat uns kurz angeschaut, genickt und ihm das Teil gegeben. Die Nagelfratze ist in den Keller, und wir sind auf dem schnellsten Weg nach draußen. Mit 10 000 beschissenen Euro.

35. PROTOKOLL

JOSS Moki hat getobt. Zumindest hat er so getan, wenn ich so darüber nachdenke. »10 000?«, hat er gebrüllt. »Für das Zeug hätten wir 200 000 kriegen können!« Wir sind nicht gleich nach Hause, sondern erst zum Zirkus. Umziehen und so weiter. Außerdem waren wir total aufgedreht. Es war noch nicht ganz Mitternacht, aber daheim würde uns sowieso keiner vermissen. Offiziell waren wir über Nacht bei Moki – und er bei uns. Das hatten wir jedenfalls ausgemacht, unseren Eltern gegenüber. War ja sowieso Freitag, also nichts Ungewöhnliches.

Im Zirkuswagen hatten wir eine alte Gaslampe – genug Licht, um die Scheine durchzuzählen. Mehrfach. Doch es wurde nicht mehr, selbst nach dem dritten Zählen nicht. 10 000, und das war's. Ende, aus – das Abenteuer war vorbei, hätte man denken können. Allerdings nicht für Moki. »Der Typ hat uns gelinkt, und du hast es vermasselt«, ist er auf Elín los. Der Streit war vorprogrammiert. »Du warst doch dabei – und hast nur blöd rumgestanden«, hat sie wiederum gesagt, womit sie natürlich recht hatte. Wir alle waren dabei gewesen – und keiner von uns hätte aus den Typen mehr Geld rausgeholt. Vielleicht auch, weil sie gar nicht mehr dabeihatten, hab ich gedacht. Moki war da anderer Meinung, was das »Rausholen« betrifft. »Wie kann man nur so blöd sein, mit 100 000 zu beginnen, wenn man das Doppelte will!« »Du hättest ja die Verhandlungen übernehmen können«, hat Elín darauf gemeint, »aber sie wollten ja lieber mit dem Walross reden als mit ›unserem Negerfreund‹«, was Moki wieder mächtig aggro gemacht hat. Schien zumindest so.

Denn irgendwie hatte ich das Gefühl, dass der Streit nicht nur vorprogrammiert gewesen war, sondern gewollt. Also geplant – und zwar von Moki. Er hat Elín absichtlich vorgeschickt, um später auf sie einprügeln zu können. Im übertragenen Sinn natürlich. Vermutlich hat er selbst gewusst, wie unwahrscheinlich es war, für die verloren gegangene Ware 150 oder 200 000 Euro zu bekommen. Selbst 100 000 waren Größenwahn, wenn man bedenkt, dass die Typen Vollprofis waren und das Zeug selbst noch verticken wollten – mit größtmöglichem Gewinn, versteht sich. Ich hab zwar keine Ahnung von dem Geschäft an sich, aber es ist doch so, dass jeder Dealer beziehungsweise Zwischenhändler etwas verdient an dem Zeug, was er vorher kauft, um es später wieder zu verkaufen. Ist bei Drogen wahrscheinlich nichts anderes als bei einer Dose Cola oder Hundefutter. Insofern waren wir mit den 10 000 bestens bedient. Keine Ahnung, wie wir reagiert hätten, wenn die uns noch stärker unter Druck gesetzt hätten. Die Nagelfratze mit dem Messer beispielsweise. So wie der drauf war, konnten wir froh sein, dass er bloß auf eins dieser Gemälde eingestochen hatte. Und um das war es nicht schade, hab ich gedacht. Egal, wie wertvoll es gewesen sein muss. Nur Moki hat versucht, das Ergebnis kleinzureden – und damit das, was Elín für uns erreicht hat.

Ich meine, vor uns lagen 10 000 Euro – 2500 für jeden. Bam! Mehr, als ich jemals in der Hand gehalten hab. Und das hätte mit Sicherheit selbst für Moki reichen müssen, um den Mississippi dreimal hoch- und runterzufahren oder seinen Bruder zu besuchen. Und darum ging's ihm doch, zumindest hatte er davon ja erzählt. Wie auch immer – die Stimmung war jedenfalls alles andere als entspannt, wobei selbst das nicht ganz richtig ist.

Ich hab Ihnen ja gesagt – dieser ganze Mist war nicht wirklich echt. Moki hat den Streit angezettelt, mit Absicht. Er hat gewusst, dass es dazu kommen würde. Und deshalb konnte man ihm seine Wut auch nicht abkaufen. Klar, Moki war wütend. Über das Auftauchen von Elín, über mich unten am Zirkus und so weiter. Das war aber vorher. Über die 10 000 war er nicht wütend. Ich glaube, er war fast wütend darauf, dass es überhaupt 10 000 geworden sind, dass

Elín so viel Kohle für uns rausgeholt hatte. Und mal ehrlich: Wenn wir an dem Abend mit den Raketen in der Fabrikhalle das Zeug für 10 000 Euro losgeworden wären: Jackpot, Freudenfest – das volle Programm.

Moki wollte aber mehr. Das war klar. Der saß nur am Tisch und hat mit den 10 000 gespielt. Irgendetwas hat ihn beschäftigt. Plan B. Und davon konnten wir natürlich nichts wissen, Elín und ich, weil das ja sein eigener Plan war. Sowieso, die Schweinerei hoch zehn, wenn Sie mich fragen! Ich meine, er hätte uns wenigstens einweihen können.

Jedenfalls wollten wir langsam los, nach Hause. Da steht Moki auf und grinst Basti an. Ich hab mich gefragt, was das jetzt solle. Basti hat an dem ganzen Abend kaum was gesagt, und wahrscheinlich war er noch total fertig von dem, was vorher passiert war, in dem Haus. Er hat ihn aber angeglotzt, und da wusste ich, dass alles nur Show gewesen war. Moki hat wieder auf theatralisch gemacht, ist auf Basti zu und hat ihm den Arm auf die Schulter gelegt. Dann hat er gesagt: »Scheiß auf die 200 000, die uns das Walross im Nordpolarmeer versenkt hat. Wir haben ja noch das Video – und damit sind sie am Arsch!«

36. PROTOKOLL

BASTI das war mokis auftritt ... immer noch einen draufsetzen, auch wenn längst nichts mehr geht ... ich hab es gehasst ... das war bei den mutproben schon so, und jetzt das ... freitagnacht ...
der ganze abend war schon zu viel ... ich war hundemüde ... das im haus war das eine ... und ob moki deshalb so ausgeflippt ist ... das kann ich nicht beurteilen ... das danach ... tausendmal echter ... und ich war schuld, natürlich ... ich allein ...
die übergabe filmen ... hatte ich ihnen ja erzählt ... an alles kann ich mich nicht mehr erinnern ... ich weiß nur, wie ich dort im garten in ohnmacht ... als die männer drinnen mit dem messer ... ja, nasenbluten – wie immer ... wenn wieder der kopf ausläuft ... und dabei muss es passiert sein ... mir ist das handy aus der hand gefallen ... kein wunder, war mir ja schwarz vor augen ... und als ich wieder zu mir gekommen bin ... da lag ich schon im wohnzimmer ... moki muss es auch übersehen haben, das handy, übersehen und vergessen ... vielleicht hat er gedacht, ich hätte es vorher eingesteckt – in meine jackentasche ... das war natürlich nicht so ... ich hatte es verloren ... erst wollte ich nichts sagen, schien mir nicht weiter wichtig ... wir hatten ja das geld, die 10 000 ... was sollte also noch ...?
dann hat moki im zirkus aber wieder zeigen wollen, wie abgezockt er war ... ich meine, er hatte vorher nichts mit uns abgesprochen ... wie so oft ... und ich weiß nicht, auf was ich mehr sauer war ... auf ihn – oder mich, weil ich dieses verfluchte ding ...
sie können sich vorstellen, wie moki ... vorher ganz cool, als wären die 10 000 nichts, als hätte elín überhaupt nichts erreicht ... er mit dem viel besseren plan ... als ich ihm gesagt habe, dass ich das handy ... dass es mir in dem garten aus der hand gefallen ist ... der ist

komplett ausgerastet ... der absolute höhepunkt ... »verloren?«, hat er mich angebrüllt ... wie man nur so blöd sein könne ... saumäßig bescheuert ... zu nichts zu gebrauchen ... und dass ich immer einen schwächeanfall und so weiter, wenn es drauf ankäme ... sie kennen ihn nicht ... ich kann nur sagen, das war nicht schön ... moki hat gegen die wand getreten, gegen die kiste ... die mit den kostümen ... dann hat er sich einen stuhl gekrallt ... und fast durch das fenster, wenn joss nicht ... vollkommen ausgetickt ist er, wollte alles kurz und klein schlagen ... ich saß nur da, mit den händen vorm gesicht ... um nichts abzubekommen ... es war nicht zum aushalten – bis elín irgendwann dazwischen ist ... »hör auf, du oberarschloch!«, hat sie zu ihm gesagt ... ich habe es nicht mit absicht getan ... das sollte selbst moki nicht entgangen sein ... und was er denn für eine nummer abziehen würde ... »schiebst joss und mich vor ... dass wir halb abgestochen werden, während du auf nichts anderes aus warst, als die typen mit dem scheißvideo zu linken ...« ... mann – elín kann mindestens genauso wie ... moki hat sich natürlich nicht gleich einschüchtern lassen, nicht diesmal ... »willst du mir drohen, du tiefseequalle!«, hat er zurück geschrien ... wenn hier jemand allen grund zum drohen habe, sei er das ... dass wir alle einfach nur bescheuert seien ... und so weiter ... ich wäre am liebsten schnell raus ... nach hause, das ging natürlich schlecht ... im gegenteil ... wir waren erst mittendrin ... und die nacht war noch nicht zu ende ... noch lange nicht, kann ich ihnen sagen ...

37. PROTOKOLL

ELÍN War bestimmt schon zwei Uhr nachts, als wir noch einmal zurück sind. Zum Haus. Basti und ich. Wäre da nie mitgegangen. Unter normalen Umständen. Schon gar nicht, wenn Moki mir das sagt. Basti allein lassen ging aber auch nicht, verstehst du? Und dass Joss mitgeht, wollte Basti nicht. Das mit dem Handy würden wir auch so hinkriegen, hat er gesagt. War sich seiner Sache ziemlich sicher. Einfach in den Garten, und irgendwo würde es schon zwischen den Büschen liegen, hat er gedacht. Haben eine Vasaljós mitgenommen. Eine Taschenlampe aus dem Zirkus. Und sind los.

Wir beide auf unseren Rädern. Basti ist vorgefahren, ich hinterher. Hat ziemlich entschlossen gewirkt. Weißt du, als wäre es die normalste Sache der Welt, irgendwo nachts in irgendeinem Garten nach einem Handy zu suchen. Hatte keine Angst. Könne ja nichts schiefgehen. Moki sei doch unten im Zirkus geblieben. Hat das gesagt, was ich gedacht hab, verstehst du? Bin mir sicher, der hatte mehr Angst davor, es vor Moki zu vermasseln, als vor dem, was ihn eigentlich erwartet hat. Glaube, ich kann Basti echt gut leiden. Der wollte nicht mehr sein, als er war. Nicht so wie manch anderer. Und wie wir so durch die Nacht gefahren sind, war ich mir fast sicher, dass er für sich das Richtige getan hat, die Sache selbst in die Hand zu nehmen. Auch wenn das alles insgesamt ein Riesenfehler war. Zugegeben.

Dort am Haus war es wie vorher. Die Luft war rein, schien zumindest so. Alles war dunkel. Im Wohnzimmer hat noch ein kleineres Licht gebrannt. Hatten die Typen beim Gehen wohl vergessen. War mein Eindruck. Basti wollte erst ohne mich rein. Über den Zaun. Ich sollte auf die Räder aufpassen. War sicherlich nett von ihm gemeint. Konnte ihn aber schlecht alleine dort suchen lassen, oder? Zu zweit sieht man ohnehin mehr. Sind also beide rüber. Über den Rasen. Bis dorthin, wo er ohnmächtig geworden sein muss. Weißt du, wir haben bestimmt die ganze Rasenfläche abgeleuchtet. Inklusive aller Blumenbeete und Sträucher. Zweimal. Dreimal. Zehnmal. Nichts. Hätte ich mein eigenes Handy gehabt, hätten wir seins bloß anzurufen brauchen. Wäre ja zu schön gewesen. Handy finden. Zurück zum Zirkus. War aber nicht. Wir mussten rein ins Haus. Lag vielleicht noch auf dem Sofa, hat Basti gemeint. Aus der Tasche gefallen, als sie ihn reingebracht hatten.

Hinten stand die Terrassentür auf. Wie vorher auch. Konnte man von außen sehen. Was sollte also passieren? Trotzdem hatte ich ein Scheißgefühl. So eine Vorahnung, verstehst du? War so, als würde man zum Tatort zurückkehren. Zu der Leiche, die dort noch immer liegt. Oder auch nicht mehr, was es nicht besser macht.

Basti wollte es aber durchziehen. Kein Weg zurück. Hätte ich ihm nie zugetraut. Ich meine, es war mucksmäuschenstill. Mitten in der Nacht. Draußen hat man nichts gesehen. Nur im Wohnzimmer dieses kleine Licht. Weißt du, eigentlich hätten wir ganz entspannt sein können. Sah schließlich alles noch genauso aus wie vorher. Der Couchtisch, die Bücher. Was dann doch anders war? Hab ich erst gar nicht verstanden. Ist mir erst da aufgefallen: die Bilder. Die mit den Köpfen waren nicht mehr da. Hatten die mitgenommen. Die ganzen Wände im Wohnzimmer waren kahl. Bis auf die Bücherregale natürlich. Überall dort, wo vorher die vielen Gemälde gehangen haben, war die Wand leer. Oder eine Lücke. Hatten sogar den Flatscreen mitgehen lassen. Alles weg. Bis auf das Bild, das der Kleinere mit seinem Messer zerstochen hatte. Hatten sie natürlich dagelassen. Hatte ja keinen Wert mehr. Konnte man nicht mehr verkaufen. Hab mich gefragt, was die Typen noch alles eingesackt hatten. Waren schließlich eine Ewigkeit allein drin, nachdem wir gegangen waren. Noch einmal durch das ganze Haus gehen wollten wir natürlich nicht. Nur das Handy finden, verstehst du? Und das musste irgendwo im Wohnzimmer liegen, haben wir gedacht. Doch auch da war nichts. Nichts.

Was dann passiert ist? Weißt du, wir wollten schon gehen. Sind aber gar nicht weit gekommen. Denn plötzlich ging die Tür auf. Und hereingeflattert kam das Insekt. Stand direkt vor uns. Kannst du dir das vorstellen?

38. PROTOKOLL

JOSS Ja klar, Moki war genervt. Alle waren angenervt. Moki auf Basti wegen des Handys. Elín und ich auf ihn wegen seines Alleingangs – diesem Plan, in den er uns nicht eingeweiht hatte. Na, vielleicht war ich auch einfach nur wütend auf ihn, weil er sich wieder so aufgespielt hat und Streit suchen musste, wo keiner war. Ich meine, was ist denn das für eine Schwachsinnsdenke? Erst hat er Elín vorgeschickt, als es um die Übergabe ging. Und dann wollte er gleich der ganzen Bande die Luft abdrehen. Klapse, wenn Sie mich fragen. Ich meine, das ist doch Psycho: Wie hätte der das anstellen wollen, wo er doch vorher auch nicht gerade viel hinbekommen hat.

Na ja, nach Elíns Deal mit den 10 000 ging es aber nur noch um das Handy. Irgendwie war ihm das verdammt wichtig. Nicht nur wegen des Videos, sondern auch wegen der Aufnahmen, die außerdem drauf waren. Wer die sehen würde, hätte uns in der Hand, hat er gesagt. Der Zirkus, das Motorrad – unser Fabrikgelände. Da wäre es nur eine Frage der Zeit, bis irgendwer hier aufschlagen würde, die Polizei oder wer auch immer das Teil finden würde. Zugegeben, das war keine wirklich prickelnde Vorstellung. Ich meine, wir hatten, was wir wollten, selbst wenn es deutlich weniger war als erhofft. Aber wenn uns irgendwer krummkäme wegen Hausfriedensbruchs, Diebstahls und so weiter, wären wir die Kohle ratzfatz wieder los und hätten mächtig Ärger am Hals. Insofern konnte ich das Rumgestresse halbwegs nachvollziehen, auch wenn er allein Basti dafür verantwortlich gemacht hat, was nicht ganz fair war – meine Meinung.

Na, Elín ist Basti zuliebe mit, das Handy suchen. Und Moki und ich sind allein im Zirkus zurückgeblieben. Es war schon komisch – und hat sich ziemlich klebrig angefühlt, kann ich Ihnen sagen. Zum ersten Mal überhaupt. Ich meine, wir waren früher schon oft allein unterwegs gewesen, zu zweit, und wir hatten immer den größten Spaß zusammen. Doch jetzt – irgendwie stand da plötzlich etwas im Raum, was nicht so sein sollte, wie es eben war. Und das war nicht nur die Sache mit Elín, sondern sehr viel mehr. Die ganze Situation, an der Elín natürlich beteiligt war. Ihr aber die Schuld zu geben, dass es nicht mehr gelaufen ist – na, ich weiß nicht.

Das Warten war jedenfalls unerträglich. Vor uns lag der Berg mit den 10 000, wie eine Mauer zwischen uns – einhundert Scheine. Wir haben uns blöd angeglotzt. Keiner wollte etwas sagen und hat bloß darauf gelauert, was der andere macht. Am liebsten wäre ich raus oder hätte mich in eine Ecke gelegt und gepennt, war ja mitten in der Nacht. Und ich glaube, er hätte allzu gern das Gleiche getan. Aber das ging natürlich nicht. Nicht, solange die beiden nicht zurück waren.

Eigentlich hätten wir alle gehen müssen, zurück zum Palast. Warum nur Basti und Elín? Schließlich ging uns das alle an. Und es war niemand von uns ganz allein derjenige, der etwas verbockt hatte. Wenn, dann wir alle zusammen. Ich glaube allerdings, dass Moki den beiden eins auswischen wollte. So eine Art Machtspiel, wer wem was zu sagen hat. Und in dem Fall ist ihm das ja auch noch einmal gelungen. Ich meine, dass die anderen das machen, was er von ihnen verlangt.

Na, die Zeit ist jedenfalls nicht weniger geworden. Ich wurde immer müder. Nur klein beigeben und einschlafen wollte ich nicht. Nicht, bevor Moki eingeschlafen ist. Und genau das muss er über mich gedacht haben. Also haben wir beide weiter blöd vor uns hin gestarrt und gewartet, bis der andere wegpennt oder den Anfang macht. Minutenlang. Halbe Stunde, Stunde. Kopfmikado, wenn Sie verstehen, was ich meine. Irgendwann muss ich allerdings eingenickt sein, für eine Blitzsekunde. Denn genau da fragt er mich, auf welcher Seite ich denn stehen würde. »Auf meiner oder auf ihrer?«

Irgendwie hab ich dauernd mit dieser Frage gerechnet. Und vielleicht war es genau das, was die Luft so dermaßen verpestet hat, die ganze Zeit. Die Frage nach der Loyalität, so sagt man doch, oder? Dass ich mich entscheiden sollte – zwischen Moki oder Elín. Nur – ehrlich gesagt: Das konnte ich nicht. Ich hab selbst nicht mehr gewusst, wo ich stehe. Moki oder Elín. Elín oder Moki. Warum nur einer von beiden? Warum nicht beide – oder keiner? Na, ich hatte kein Gefühl mehr, überhaupt nicht, kann ich Ihnen sagen.

Basti hat einmal gemeint: »Wenn Moki schwarz ist, dann ist Elín weiß.« Gegensätze, Polaritäten und so weiter. Ich glaube, auch wenn das vom Prinzip her wahrscheinlich richtig war, ganz gestimmt hat es trotzdem nicht. Kein Mensch ist komplett schwarz oder weiß. Irgendwas von dem anderen hat jeder in sich – selbst Moki oder Elín, trotz all ihrer Unterschiede. Und zwischen den beiden war es weniger die Frage »schwarz oder weiß«, sondern wer von beiden grauer war: dunkel- oder hellgrau. Je länger ich darüber nachdenke – genau das war ihr Problem: die Frage nach dem Grau. Und Basti und ich hatten das auszubaden.

39. PROTOKOLL

BASTI das war so wie gegen einen lkw laufen ... so muss es einem vorkommen, wenn man total überrascht wird, mann ... die männer hatten auf uns gewartet, keine frage ... der insektenmensch ... der mit seiner zunge ... der hatte das smartphone in der hand ...

»willkommen zu hause«, hat er gesagt ... auf das handy gezeigt ... das hätten wir wohl vergessen ... mann, der typ hatte irgendwie den durchblick ... instinkt ... wusste ganz genau, dass wir wiederkommen ... um danach zu suchen ... natürlich hatten sie es vor uns gefunden und sich das video angeschaut ... hübsche aufnahmen hätten wir da, hat er gesagt ... in der zwischenzeit ist der kleinere mit den vielen ringen an den fingern rein ... und auch der hobbit hat sich dazugestellt ...

ob noch mehr von uns kommen würden, hat uns das insekt ... elín ist stehen geblieben, hat gesagt, dass moki und joss zu hause waren ... müdigkeit und so weiter ... der typ hat nur den kopf geschüttelt ... übel ... ganz übel ... der hatte uns durchleuchtet ... nicht mal elín konnte ihm was vormachen ... ob wir das smartphone bitte zurückhaben könnten, hat sie ihn dann gefragt ... damit wir uns seine hackfresse auch zu hause noch einmal anschauen könnten ... während wir in dem ganzen geld baden ... in den 10 000 ...

na ja, ich hätte mich das nicht getraut ... so mit den typen ... elín war aber der meinung, dass sowieso alles verloren war ... also konnte sie so mit denen reden, als wäre alles nur die halbe katastrophe ... der kleinere wollte ihr am liebsten eine ohrfeige verpassen – oder schlimmeres ... da ist aber der hobbit dazwischen ... von wegen kein blut vergießen und so weiter ... das war das einzige mal an diesem abend, dass er sich überhaupt eingeschaltet hat ... und in dem moment: absolute dankbarkeit ... schließlich müssen die anderen beiden eine stinkwut auf uns ... als sie gemerkt haben, dass wir sie mit dem video linken wollten ... dass moki das vorhatte, um genau zu sein, was denen natürlich egal war ...

der insektenmensch hat kurz gezögert, dann den kleineren zurückgepfiffen ... »lass nur, igor«, hat er gesagt ... das sei unprofessionell, gegenüber geschäftspartnern ... der kleinere hat erst gar nicht verstanden, was sein boss von ihm ... dass er nicht draufhauen durfte ... elín ist keinen schritt zurück ... selbst als das insekt mit dem handy auf sie zu ist ... »schade nur, dass dem wicht hier das näschen geblutet hat und er nicht mal zeit hatte, das teil zu sperren ...« – der wicht war natürlich ich ... daraufhin war es erst mal still ... der insektenmensch hat darauf gewartet ... auf eine erklärung ... oder entschuldigung ... gab es aber nicht ... elín hat das nicht beeindruckt ... stand da, als wäre der typ luft ... als würde der nicht direkt vor ihr stehen und überlegen, ob er ihr mit dem handy nicht besser ins gesicht schlagen soll ... stattdessen hat sie ihm fest in die augen gesehen ... kurz luft geholt und gesagt: »wie viel ...?«

ich stand direkt hinter ihr, wusste nicht, was ich denken sollte ... elín hatte die ruhe weg – ich habe überhaupt nichts kapiert ... der insektenmensch dagegen schon, so wie der gegrinst hat ... der hat sich vor zu elín gebeugt und gesagt: »dachte ich mir's doch ... dass euch die aufnahmen von diesem zirkusschrott was wert sind ...«, und die seien noch immer drauf ... der zirkus und das mit dem motorrad ...

elín ist ganz ruhig geblieben ... auch wenn uns der insektenmensch durchschaut hatte ... alles eine frage des preises ... und den konnten wir nicht mehr bestimmen, nicht wir ... »wie viel?«, hat elín noch einmal gefragt ... der insektenmensch ist ganz nah zu ihr hin ... hat sich wieder mit der zunge über die lippen ...

»1000 fürs handy«, hat er gesagt ... »und 9000 dafür, dass ihr uns abziehen wolltet ... als wiedergutmachung ...« – zusammen also

10 000 … wir hatten keine wahl … mussten bezahlen, die kompletten 10 000 … so oder so … natürlich hatten wir das geld nicht dabei, das war ja im zirkus … bei moki und joss … wir mussten es erst holen … das war dem typen allerdings vorher klar, der hat darauf spekuliert … »gut«, hat er gesagt … »der wicht geht – die dicke bleibt hier – als pfand … bis wir unsere kohle wiederhaben …«

40. PROTOKOLL

JOSS Gegen halb vier war Basti zurück. Moki hatte sich draußen in die Hängematte gewickelt – und ich lag mit dem Kopf auf dem Tisch – zwischen den ganzen Scheinen. Erst hab ich gar nicht gerafft, was los war. Basti sah ziemlich mitgenommen aus, kann ich Ihnen sagen. Total bleich – und das ganze Blut auf seinem T-Shirt war braun geworden. Doch darum ging es nicht. Fakt war, dass Elín noch in diesem Haus war und wir die 10 000 sofort wieder abdrücken sollten. Ein Nullsummenspiel, megadämlich – so schnell wir an die Kohle gekommen waren, so schnell sollte sie auch wieder weg sein. Peng. Und dass wir bezahlen würden, stand außer Frage. Zumindest für Basti und mich.

Moki war natürlich anderer Meinung. »Meinung« ist vielleicht etwas untertrieben ausgedrückt. Er ist natürlich sofort wieder an die Decke. »Diese verfluchten Arschlöcher!«, hat er geschrien. »Die glauben wohl, die können alles mit uns machen!« Ich hab nur gedacht: Ja – das können sie, und genau das machen sie jetzt mit uns, weil du es vermasselt hast.

»Das Video haben sie natürlich gelöscht«, hat sich Basti eingeschaltet, »die anderen Aufnahmen sind aber noch drauf – haben sie zumindest gesagt.« »Die anderen Aufnahmen?«, hat sich Moki wieder aufgeregt. »Wen interessieren denn die beschissenen Aufnahmen?«

Damit war alles klar, wenn Sie verstehen, was ich meine. Volle Transparenz. Dass ihm die anderen Videos von unseren Stunts und so weiter nichts bedeutet haben, überhaupt nichts. Alles andere, was er vorher gequatscht hat über die Gefahr, dass wir entdeckt werden könnten und so weiter, war Pinocchio. Ihm ging es nur um das Video, mit dem er mehr Kohle rausholen wollte als Elín mit dem Drogenzeugs. Klaro, Moki war absolut kontra. »Wir zahlen doch keine 10 000 Euro für ein paar Bildchen, die rein gar nichts beweisen«, hat er gesagt. »Selbst wenn der Zirkus drauf ist – was soll's! Weiß doch eh niemand, wo der ist.« Wahrscheinlich hatte er damit sogar recht. Bis auf den Emmerich konnte uns da unten keiner was. Und selbst die Aufnahmen vom Fabrikgelände haben höchstens gezeigt, dass wir dort waren – weiter nichts. Von den ganzen Haschwürsten hatten wir kein einziges Video gedreht, und selbst das wäre ja nicht strafbar gewesen, oder?

Trotzdem, das Handy war das eine – Elín natürlich das andere. Aber auch da war mir klar, dass Moki das am wenigsten juckte. Wir sollten cool bleiben, hat er gesagt. »Ihr wollt doch nicht ernsthaft dorthin zurück – um für Moby Dick 10 000 Euro hinzulegen!« Elín habe uns doch bloß verarscht. Oder warum sonst musste ausgerechnet sie dort bleiben – und nicht Basti?

Das war ziemlich weit hergeholt, meiner Meinung nach. Und das hab ich genau so gesagt: »Wieso kommst du darauf, dass uns Elín linken wollte? Sie war die Einzige, die überhaupt einen Plan hatte.« »Ach ja?«, hat er wieder angefangen. »Plan nennst du das? Die hatte den Kontakt zu diesem Hals-Nasen-Ohren-Freak, sonst nichts! Und dann hat sie es versaut, 10 000 – für den Stoff, der das Zehnfache wert war, mindestens!« Ich glaube nicht, dass das Mokis ehrliche Meinung war. Er hatte nur eine Stinkwut. Die hatte ich natürlich auch. Die ganze Sache hätte anders ausgehen können. Doch es waren unsere Fehler, für die wir jetzt die Kohle abdrücken mussten.

Na, Moki hat sich nicht abbringen lassen. »Wenn ihr mich fragt«, hat er gesagt, »sitzt die jetzt zusammen mit den anderen drei Pennern im Wohnzimmer und raucht mit denen eine fette Friedenspfeife. Und es würde mich nicht überraschen, wenn sie noch ihren Anteil abzockt von dem, was sie ihnen geliefert hat. Kapiert ihr nicht – wir sind hier die Idioten, die für alles blechen sollen?«

»Wenn hier einer der Idiot ist, dann du!«, hat Basti plötzlich gesagt. So hat er vorher nie mit Moki geredet – und das war noch lange nicht das Ende. Ich meine, Basti hat sich nie ernsthaft mit ihm angelegt. Nicht mal ich hab das wirklich geschafft – von der Prügelei am Vorabend mal abgesehen. Allerdings hatte sich die Situation etwas verändert, für uns alle. Man sagt ja nicht umsonst, dass Gier und Freundschaft sich gegenseitig zerfressen.

Es gibt diesen Witz. Ich glaube, Elín hat ihn uns erzählt, und am Anfang war mir gar nicht klar, was sie damit gemeint hat. Na ja, der Witz ist ganz kurz und eigentlich auch gar nicht komisch, vielleicht kennen Sie den. Ich muss nur gerade dran denken – also: »Was machen zwei Brocken Holzkohle im Frühjahr? Grillen sich eine Karotte.«

Zuerst hab ich's überhaupt nicht gerafft, was das heißen soll – das mit dem Schneemann, der irgendwann wegtaut, dass sich die beiden Augen die Karottennase greifen, die ihnen den ganzen Scheißwinter lang schon auf die Nerven gegangen ist, verstehen Sie? Aber je länger ich drüber nachdenke, umso mehr wird mir klar, dass wir die Kohlebrocken waren. Und sobald alles in Bewegung gerät, fallen wir übereinander her und zerfleischen uns. Nichts anderes ist in dieser Nacht passiert. Draußen würde es bald dämmern, und wir haben uns die Köpfe eingeschlagen, im übertragenen Sinn. Peng! Alles war plötzlich kaputt. Basti ist ausgetickt, Moki sowieso – und mich hat alles angekotzt, wie alles gekommen ist. Diese wahnsinnigen Pseudo-Abenteuer – bis zu dieser Sache mit den Haschwürsten und dem Video. Für Basti war klar, dass das zu viel war, dass er die Schnauze voll hatte, dass er nicht mehr mitmachen würde. Er hat gesagt, dass er seinen Anteil will und damit zurück zum Haus geht, um wenigstens Elín rauszuholen. Ich war auf seiner Seite. Wenn Basti geht, gehe ich auch – das war klar. »Gut«, hat Moki gesagt. »Wenn ihr wollt, dass es so endet. 2500 für jeden. Den Anteil der Eskimo-Braut gebe ich ihr persönlich, wenn sie noch einmal auftaucht.« Damit war die Sache gelaufen – und es hat sich angefühlt wie in einer Gefriertruhe, obwohl es draußen bestimmt noch 20 Grad waren. Er hat uns jeweils 25 Scheine abgezählt. Wir haben das Geld in eine Plastiktüte gesteckt und sind zurück zum Palast gefahren. Ein allerletztes Mal.

Kann ich bitte ein Glas Wasser haben?

AKTE 3

41. PROTOKOLL

JOSS Irgendwie glaube ich nicht an diesen Begriff »Tiefpunkt«. Ich meine, das ist doch etwas Absolutes. Und das sagt man, wenn etwas erreicht ist, was sich nicht mehr toppen lässt, im negativen Sinn, oder? Und ich hab wirklich gedacht, nachdem wir den Zirkus verlassen hatten, das sei so was gewesen: ein absoluter Tiefpunkt. Schluss. Aus. Ende. Jeder hatte seinen Anteil bekommen, mit dem er machen konnte, was er wollte – und es gab keinen Grund mehr, umzudrehen und zurückzurudern, null komma null. Moki hatte sich sogar den doppelten Anteil gesichert, was mir in dem Moment aber vollkommen egal war, kann ich Ihnen sagen. Und der würde nichts von dem rausrücken, selbst wenn Elín auf Knien zurück zum Zirkus rutschen würde.

Na, wie gesagt: Mir war's gleichgültig. Ich war nur froh, dass wir draußen waren und nichts mehr miteinander zu tun haben mussten – das hab ich zumindest gedacht. Dann waren wir allerdings irgendwann am Haus. Und dort war plötzlich alles anders. Schlimmer. Basti und ich hatten die ganze Zeit über kein Wort miteinander gesprochen. Und das Erste, was wir rausgebracht haben, war: Verfluchte Scheiße! Ich kann Ihnen sagen: Das ganze Haus war erleuchtet. In jedem Zimmer hat Licht gebrannt, konnte man von der Straße aus sehen, obwohl ringsum der ganze Garten ja voll mit Wald ist.

Zuerst hab ich gedacht, die Typen sind noch immer drin und feiern mächtig Party. Vor dem Haus war aber alles voll mit Polizei – das wissen Sie wahrscheinlich besser als ich. Bestimmt drei Streifenwagen und jede Menge Einsatzkräfte. Davor haben ein paar Nachbarn gestanden. Zu denen sind wir hin. Die waren zum Teil noch im Pyjama – oder im Morgenmantel, war ja noch halb dunkel.

Klaro, wir sahen nicht viel besser aus. Basti in seinem Blut-Shirt, wie es Moki genannt hätte. Und ich hatte dieses blaue Auge, doch davon hat keiner was mitbekommen. Die haben nur auf den Palast geglotzt, als hätte es dort eine Schießerei gegeben und nach und nach würden irgendwelche Leichenteile nach draußen wandern. Natürlich war das nicht so. Im Prinzip ist gar nichts passiert, was ja auch etwas Beruhigendes hatte. Schließlich war Elín da drin gewesen, und wenn sie ihr etwas getan hätten, na ja – kaum auszudenken.

Die war aber genauso wenig da wie irgendjemand sonst von denen. Weder das Insekt noch der Kerl mit dem Werkzeugkasten im Gesicht – oder der Hobbit. Die waren längst weg. Das Wohnmobil, wenn es überhaupt da gewesen war, stand nicht mehr dort, und auch der Lieferwagen, mit dem sie vorher in der Einfahrt geparkt hatten, war verschwunden. Ob Elíns Rad noch irgendwo stand, konnte ich nicht erkennen. Insgesamt sah es allerdings nicht so aus, als hätte die Polizei eingegriffen und die Typen gestellt. Im Gegenteil. Es habe nur einen Einbruch gegeben, hat uns einer der Nachbarn gesteckt. Die Leute dort seien verreist. Und irgendwelche Amateure seien eingebrochen und hätten das Licht angemacht, dass es jeder sehen konnte.

So weit die offizielle Version für den Polizeibericht, hab ich gedacht. Mir war aber klar, dass da etwas anderes dahintergesteckt hat. Volle Absicht, ganz sicher. Das Insekt und die anderen beiden hatten das inszeniert, die Lightshow – um uns eins auszuwischen, für den Fall, dass wir wiederkommen. Als Zeichen ihrer Überlegenheit. Klare Sache, die hatten Oberwasser und wollten uns vorführen. Die waren natürlich längst weg – mit Elín über alle Berge. Für einen Moment hab ich gedacht, dass Elín mit denen wirklich einen Deal hinter unserem Rücken gemacht hätte, sie und die Typen. Und wenn das so gewesen wäre, hätte Moki recht gehabt – und vermutlich wäre ich mit Basti auch wieder angekrochen. Wir hätten uns entschuldigt, und alles hätte möglicherweise wieder so sein können wie früher, halbwegs wenigstens. Kann gut sein, dass ich mir das fast gewünscht hab, als klar war, dass wir das Handy vergessen konnten und vollkommen umsonst da wieder raus waren. Elín hätte uns hintergangen – aber was soll's. Wir hätten noch das Geld gehabt – inklusive der Gefahr, dass sie auch unser Versteck unten am Fluss verraten würde, um für die Typen die 10 000 zurückzubekommen. Ja, zugegeben – so ein verdammter Mist ging mir durch den Kopf. Und ganz ehrlich: Dafür schäm' ich mich noch immer.

42. PROTOKOLL

ELÍN Was die bei uns sagen? *Niemand hat nur ein Gesicht – doch hässlicher geht immer.* Das hat gut gepasst zu den beiden, oder? Zum Insekt und dem Kleineren. Weißt du, bei Ronnie war das anders. Nicht so verlogen. Den kenne ich noch von früher aus unserem Block. Ist der Bruder von Mia, einer Freundin. Im Stockwerk über uns. Hatte immer so eins dieser uralten Schilder an der Tür: *Gegen lauter Zoff hilft nur: noch lautere Musik.* Genauso war es dann auch. Drinnen hat er mit seinen Leuten abgehangen. Lief immer Punk oder irgendwelche Kiffermusik. Die saßen da, sind mit ihrem Bong durch den Raum geflogen.

Hab ein paarmal mitgemacht. Dann aber nicht mehr. Und dass ich noch seine Handynummer hinten auf dem Foto von Mia und mir im Portemonnaie hatte, war reiner Zufall. Glaube, Ronnie war nur dabei, weil er Geld brauchte. Hat auf das ganz große Ding gehofft. Weißt du, am Ende haben sie ihn genauso gelinkt wie uns. Von dem ganzen Zeug aus dem Heizungskeller hat er nichts abbekommen. Das Insekt hat ihm stattdessen nur gesagt, dass sie jetzt quitt seien. Hatte wahrscheinlich Schulden bei denen. Und durfte dann verschwinden. Das war alles. Statt Geld oder dem Dope haben sie ihm eins der Gemälde gegeben. Trostpreis. Könne er jetzt auf dem Schulhof verticken, haben sie gesagt. Tütchenweise. Dann ist er raus. War das Letzte, was ich von ihm gesehen habe.

Kurz darauf war ich allein mit den beiden. Hat mich nicht allzu sehr beunruhigt. Trotzdem. Der Kleinere, dieser Igor, wusste ganz genau, was er zu tun hatte. Kam mit diesem Kabelbinder auf mich zu. Hat mir die Hände zusammengebunden. Weiß noch, dass ich geschrien habe. Nicht aus Panik. Sondern aus Wut, verstehst du? Hat den Insektenmenschen ziemlich erschreckt. Der hat den andern angebrüllt, dass sie sich beeilen müssten. Der sollte mir das Maul stopfen. Ja, so ähnlich hat er sich ausgedrückt. Und ich glaube, dieser Igor macht alles, was man ihm sagt. Solange er dafür bezahlt wird. Hat ein Sitzkissen von der Couch genommen, mir den Bezug über den Kopf gezogen. Dann konnte ich nichts mehr sehen. Was als Nächstes kam? Hat mir einen Kabelbinder um den Hals gelegt, um den Stoff zuzuschnüren. Weißt du, ich hab kaum mehr Luft bekommen. Wenig später ist überall Licht angegangen. War durch den Stoff zu erkennen. Mehr nicht. Hab nur gemerkt, das Insekt ist immer hektischer geworden. Hat mich vor sich hergestoßen. Bis zu ihrem Wagen. Ich musste mich hinten in den Laderaum legen. Dort zwischen die ganzen Haschischstangen, glaube ich. Dann sind sie losgefahren. Ich sollte bloß keinen Ton mehr von mir geben, haben sie gesagt. Aber wie auch? Der Motor war viel zu laut. Wer hätte mich da schon hören können?

43. PROTOKOLL

JOSS An Elín gezweifelt hab ich nicht, nie wirklich. Vielleicht hab ich mich kurz gefragt, was wäre, wenn. Aber irgendwie hab ich gewusst, dass sie uns nicht linkt und mit denen gemeinsame Sache macht. Hat sie auch nicht. Elín kann man vertrauen, hundertprozentig – selbst wenn es manchmal etwas dauert, das herauszufinden.

Na, Basti und ich sind zuerst nicht weit gekommen. Nach dem Ausflug zum Palast wussten wir überhaupt nicht, wohin wir wollten. Zurück zum Zirkus auf keinen Fall. Und zu Hause hätte unsere Mutter bloß Fragen gestellt, warum wir so früh morgens schon unterwegs gewesen wären, und ob wir denn nicht bei Moki gepennt hätten, wie abgemacht. Vielleicht hätte sie nichts gemerkt, wenn wir heimlich rein wären – drauf ankommen lassen wollten wir es allerdings auch nicht.

Na ja, das mit der Frage nach dem Wohin hat sich jedenfalls ziemlich schnell geklärt. Es war nicht viel los auf den Straßen. Zwei, drei Autos – war ja Samstagmorgen. Und es wurde erst langsam hell. Trotzdem hatte ich die ganze Zeit das Gefühl, beobachtet zu werden. Ich hab mich umgesehen – und da war dieser schwarze LKW, der hinter uns hergekrochen ist. Ohne Licht, hinten am Stadtpark. Die Karre war zwar noch 100 oder 200 Meter weg, dass es aber die Typen sein mussten, war mir sofort klar. Die hatten uns aufgelauert und sind uns hinterher – wahrscheinlich, damit wir sie bis zum Zirkus führen, hab ich gedacht. Rausfinden, wo unser Versteck war. Zuerst wollte ich sofort weg, und wir hätten es auch geschafft. Ich meine, mit den Rädern durch den Park, da hätten Basti und ich leichtes Spiel gehabt. Dann hab ich mich aber gefragt, was das gebracht hätte. Schließlich hatten wir mit denen ja so was wie eine Verabredung.

Und warum sollten sie uns verfolgen, wenn wir sie sowieso treffen wollten?

Basti hatte zwar mächtig Panik, aber er hat auch gemeint, dass wir anhalten und mit denen reden sollten. In dem Moment wussten wir ja noch nicht, warum sie nicht in dem Haus geblieben waren und dass sie Elín hinten in ihren Wagen verfrachtet hatten. Na ja, wenn alles schiefgehe, hat Basti gesagt, könnten wir immer noch durch den Park abhauen, was ich ziemlich mutig fand. Jedenfalls sind wir stehen geblieben. Und als die gemerkt haben, dass wir sie gesehen hatten, haben sie uns ein kurzes Zeichen mit den Scheinwerfern gegeben. So, als wäre das alles verabredet gewesen. War es natürlich nicht, und es war schon ziemlich skurril das Ganze, kann ich Ihnen sagen. Wie in einem dieser Mafia-Filme, bei denen man nie weiß, ob die Gangster miteinander verhandeln wollen oder sich nicht lieber gleich über den Haufen schießen.

Mir war nicht ganz wohl bei der Sache. Keine Minute später waren die beiden allerdings bei uns. Der Nagelmann saß am Steuer, der Insektenmensch nebendran mit einer Kippe zwischen den Fühlern. Der hat die Scheibe runtergekurbelt und nur gemeint, dass wir uns ja reichlich Zeit gelassen hätten, um die Kohle aufzutreiben. Ich wusste nicht, was ich sagen sollte. Basti genauso wenig. Einen Verhandlungsplan hatten wir natürlich nicht. Und wie wir mit unserem Anteil an Elín und das Handy kommen sollten, war komplett unklar. Wir konnten nur hoffen, dass die Typen so was wie ein Einsehen hatten und sich auch mit weniger zufriedengeben würden. Klar war das Quatsch. Die hatten uns am Wickel und würden nicht eher Ruhe geben, bis sie den letzten Cent zurückhatten.

Der Insektenmensch hat uns natürlich sofort durchschaut. »Nur 5000?«, hat er gefragt. »Korrigiert mich, wenn ich da falschliege, aber vorhin war es doch noch doppelt so viel. Oder spielt euer Negerfreund nicht mehr mit?« Bei »Negerfreund« hätte ich ihm am liebsten ins Gesicht geschlagen. Aber er war klar am Drücker. Mit Moki hatten wir ja abgeschlossen, zu dem Zeitpunkt jedenfalls. Dass der Typ ihn allerdings als »Negerfreund« bezeichnet hat, hatte selbst Moki nicht verdient. Vor allem dann nicht, wenn man weiß, wie der Insektenmensch das gemeint hat. Na ja, viel machen konnten wir nicht. Wir hatten unseren Anteil, aber auch nicht mehr.

»Nun gut«, hat das Insekt wieder angefangen, »ihr habt also nicht das ganze Geld, sondern nur einen Teil. Dann lasst mal sehen.« Ich hab Basti ein Zeichen gegeben, dass er das Geld rausholen solle. Das war ein ziemlich dickes Bündel, und natürlich wollte der Insektenmensch es vorher zählen, bevor wir was auch immer für ein Geschäft mit ihm machen würden. Fast wäre ich darauf eingegangen, dann hatte Basti aber die Idee, es ihm vorzuzählen – in meine Hand. 50 Scheine. 5000 Euro. Jetzt war es an ihm zu sagen, was passieren solle. Dass wir ihn nicht verarschen und die restlichen 5000 nicht hatten, war ihm klar. Trotzdem hat er gepokert. »Was meinst du, Igor?«, hat er den andern Typen gefragt. »Das Handy und das dicke Mädchen zum halben Preis? Ist schon Sommerschlussverkauf?« Die Nagelfratze hat nur blöd gegrinst, und da war klar, dass die uns genau dort hatten, wo sie uns haben wollten. Wir hatten uns verzockt, wir Idioten. Denn als Nächstes hat der Kleinere einfach die Fahrertür aufgemacht, ist ausgestiegen und direkt auf uns zugekommen. Zack, stand er vor uns. Das Geld wieder einstecken und mit den Rädern verschwinden konnten wir vergessen, absolut. Igor, also der Typ mit den Nägeln im Gesicht, musste sich nicht mal beeilen. Wir standen da wie angewurzelt und konnten nichts tun. Er hat mir einfach das Bündel aus der Hand genommen, ohne dass ich den Mut gehabt hätte, etwas dagegen zu unternehmen. So überrascht war ich. Und für einen Moment hab ich gedacht, der springt gleich wieder in den Wagen und fährt los – auf Nimmerwiedersehen. Stattdessen hat er uns aber ein Zeichen gegeben, ihm hinterherzukommen. Hinten hat er die Ladeklappe aufgemacht. Dort stand eine Box mit den ganzen Haschwürsten, an der Seite die Gemälde und der riesige Flachbildschirm. Dazwischen lag Elín, gefesselt und mit einer Art Sack über dem Kopf. Die konnte nicht reden, hat nur geröchelt. Ich kann Ihnen sagen, das war nicht gespielt – mit Sicherheit nicht. Die hatten sie komplett verpackt, sodass sie kaum Luft bekommen hat. Verfluchte Scheiße!

Kurz ist mir durch den Kopf geschossen, dass wir wenigstens Elín mit den 5000 da rausholen. Ganz egal, was mit dem Handy ist. Zwei Sekunden später hat aber der Insektenmensch neben uns gestanden. Er muss ausgestiegen sein, als Basti und ich um die Karre gelaufen sind. »Halbes Geld, halbe Ware«, hat er nur gesagt, die Kippe auf den Boden geworfen und ausgetreten wie einen ekligen Wurm, den nicht mal er verschlucken wollte – so kam's mir jedenfalls vor. Daraufhin zieht er einfach das Handy aus der Tasche und wirft es uns zu. Verstehen Sie – bloß das verfluchte Handy, nicht Elín, die hat er nicht angerührt. Dann hat er noch einmal blöd gegrinst und die Klappe hinten zugeschlagen, dass die halbe Stadt wach geworden sein muss. »Und für die da«, hat er gesagt, »besorgt ihr gefälligst die restliche Kohle – am besten von eurem Neger-Bro'. Und bis dahin: Guten Tag und auf Wiedersehen!«

44. PROTOKOLL

JOSS Ob Sie es glauben oder nicht – wir sind zurück zum Zirkus. Was hätten wir denn machen sollen? Die haben uns einfach stehen lassen und sind mit dem LKW nach Sonstwo gefahren. Nicht mal das Nummernschild merken hätte sich gelohnt. Vorne war es ein holländisches, hinten ein polnisches. Oder eins aus Kasachstan, was weiß ich! Und als die Typen mit Elín hintendrin um die nächste Ecke verschwunden waren, standen wir komplett hilflos da. Mitten auf der Straße, während es über dem Park langsam hell geworden ist. Wir bräuchten sie nicht zu kontaktieren, haben sie gesagt, das würden sie schon machen – irgendwann im nächsten Lichtjahr. Unsere Nummer hätten sie ja, also die vom Handy, das wir für 5000 zurückgekauft hatten. Wir sollten nur dafür sorgen, dass die restliche Kohle bereitliege – sonst könnten wir das mit Elín vergessen. So haben die mit uns geredet – und wir waren nicht gerade in der Lage, irgendwelche Forderungen zu stellen, oder?

Im Gegenteil. Ich kann Ihnen sagen, wir waren einfach nur am Ende. Seit Ewigkeiten auf den Beinen und vollkommen orientierungslos, was das weitere Vorgehen anging. Na, eigentlich war es ja Bastis Idee, wieder zurück zum Zirkus zu fahren. »Er ist bestimmt noch da«, hat er gesagt. »Und wenn wir ihm erzählen, was mit Elín ist, gibt er uns vielleicht die anderen 5000.« Richtig geglaubt hat Basti das nicht, was er da vorgeschlagen hat, das konnte ich ihm ansehen – so wie der in den verklebten Klamotten vor mir gestanden hat. Moki würde einen Teufel tun. Eher würde ich nach Hause fahren, hab ich gedacht, und unsere Eltern anpumpen, was mindestens genauso aussichtslos gewesen wäre.

Dann hat Basti noch einmal angefangen – von wegen »beste Freunde« und so weiter. Klar, das waren wir einmal, bevor diese ganze Scheiße passiert ist! Ich meine, selbst wenn wir gebettelt hätten und uns Moki seinen Anteil gegeben hätte, dann mit Sicherheit nicht umsonst. »Wir müssten bestimmt von irgendeinem Hochhaus springen oder die Schule in die Luft jagen«, hab ich gesagt. »Und wenn die Show für ihn gut genug ist, wird er uns vielleicht einen Teil vorschießen.«

Na ja, uns war klar, dass wir verloren hatten – auf ganzer Linie. Mir war das bewusst – und selbst Basti hat es irgendwie geschnallt. Zumindest hat er die Mitleidstour nicht weiter gefahren. Stattdessen hat er das ausgesprochen, was ich vielleicht schon die ganze Zeit über gedacht hatte – auch wenn das höchstens Plan B, C oder Z gewesen ist: »Wenn er's freiwillig nicht rausrückt, dann holen wir es uns halt.« Das hat er ziemlich entschlossen gesagt – und diesmal sogar so, dass man es ihm glauben konnte. »Was soll schon passieren«, hat er gesagt, »wir sind zu zweit – und wenn wir ihn überraschen?«

Dass Basti einmal so weit gehen würde, hätte ich nie gedacht. Ehrlich. Moki war für ihn immer heilig – zumindest war das mein Eindruck. Und einen Heiligen erschlägt man nicht für einen anderen Heiligen, im übertragenen Sinn natürlich. Wie weit wir gegangen wären, kann ich Ihnen allerdings nicht sagen. Keine Ahnung. Wahrscheinlich hätten wir nur versucht, uns mit ihm zu prügeln – mehr nicht. Und bei zwei gegen einen hätten wir auch so was wie eine reelle Chance gehabt, selbst wenn es unfair gewesen wäre. Doch was war in dieser Katastrophennacht überhaupt noch fair?

Na, zum Glück ist es nicht so weit gekommen. Anders aber, wie Sie ja wissen. Basti ist vorgefahren, ich hinterher. Bis zum Zirkus haben wir noch etwas mehr als eine Viertelstunde gebraucht. Wie gesagt, es war frühmorgens, und es hatte ganz schön abgekühlt über Nacht. Die ganze Zeit über war mir das nicht aufgefallen. Wie wir aber so durch die Stadt nach draußen sind, hab ich gemerkt, wie kalt mir auf einmal geworden ist. Wir waren ja nur in Shorts und T-Shirts unterwegs – und die Stelle unter meinem Auge hat plötzlich wieder mächtig angefangen zu pochen. Vielleicht war das die verdammte Müdigkeit, die uns so fertiggemacht hat. Vielleicht diese ganze Situation. Und bei allem, was wir hinter uns gehabt haben, und dem, was uns noch erwarten würde, hat Basti irgendwann gemeint, er könne es kaum erwarten, endlich in ein warmes Bett zu fallen.

Darüber hab ich plötzlich grinsen müssen. Warum weiß ich selbst nicht. Ich kann Ihnen nur sagen: Wie wir dort in der Dämmerung aus der Stadt gefahren sind – runter zum Mississippi, da hat sich alles so unwirklich angefühlt. So, als wäre das alles gar nicht passiert – als würde man aus einem komplett durchgeknallten Traum erwachen, bei dem es nicht vorangeht, um gleich wieder einzuschlafen und ihn noch mal zu träumen. Wachkoma in Endlosschleife. So ein Gefühl war das. Zwei Dreiviertelhelden in einer helldunkelgrauen Halbwelt. Und irgendwie war das schon ziemlich abgedreht, morgens um fünf mit dem Rad unterwegs zu sein, um seinem ehemals besten Freund die restlichen 5000 Euro abzunehmen – und sich währenddessen über so grotznormale Dinge wie warme Betten oder Frühstück zu unterhalten. Basti war für zwei Kilo Rührei – und ich hab auf Speck bestanden, so wie ihn unsere Mutter manchmal macht. Knusprig braun, kross – dass es nur so krümelt. Dazu heiße Schokolade, Pfannkuchen und Toast. Das war fast lustig, sich gegenseitig Bestellungen aufzugeben. Und für eine Blitzsekunde hat es sich angefühlt wie früher, nur dass Moki nicht dabei war. Ich hab kurz überlegt, ob wir die ganze Sache mit Elín und den Typen wirklich so erlebt hatten – oder ob wir nicht gleich zum Zirkus kommen würden, Moki uns begrüßt und fragt, ob wir nachher nicht raus zum Fabrikgelände fahren wollten, um ein paar Runden zu drehen. *Strange*, oder?

Na, nichts von dem ist passiert, nicht wirklich. Als wir am Campingplatz vorbei in den Feldweg rein sind, haben wir schon das Motorrad gesehen, den Japsen. Der stand noch da, wie vorher, als wir mit unserem Anteil abgehauen waren. Das hat geheißen, dass Moki auch noch da sein musste. Wahrscheinlich hatte der sich schlafen gelegt, um diesen ganzen Mist zu vergessen. Doch schon durch die Büsche konnte man sehen, dass etwas nicht gestimmt hat. Nicht bloß sehen, sondern riechen! Ich bin vorneweg. Bis zum Zirkus sind es ja nur wenige 100 Meter. Trotzdem haben wir uns beeilt. Und das Erste, was ich erkennen konnte, war dieser Rauch. Vielleicht hatte der alte Emmerich Feuer gemacht, hab ich gedacht, das macht er schließlich öfter im Spätsommer – oder Herbst. Aber das war's nicht. Basti kam direkt hinter mir und hat laut gebrüllt, dass wir uns beeilen müssten, warum auch immer. Intuition – bis wir es irgendwann kapiert hatten: Der Zirkuswagen hat gebrannt – und von Moki war weit und breit keine Spur.

45. PROTOKOLL

ELÍN Was das Schlimmste war? Der Plastikstreifen um den Hals, verstehst du? Hab versucht, ihn loszubekommen, um mehr Luft zu kriegen. Keine Chance. Hab nur den Kissenbezug über meinem Kopf lockern können, dass ich etwas mehr sehen konnte als nur hell und dunkel. Wie ein blinder Wal im Hvalfjörður. Ganz abmachen habe ich nicht geschafft. War vielleicht auch besser so. Denn wenn die Typen gemerkt hätten, dass ich was mitbekomme? Weißt du, die wären wahrscheinlich noch unberechenbarer geworden.

Wie das mit dem Lösegeld gelaufen ist? Kann ich nicht ganz sagen. War aber klar, dass Moki die restlichen 5000 nicht rausrücken wollte. Wenigstens sind Joss und Basti mit ihrem Anteil zurückgekommen. Auch wenn sie dafür gerade mal das Handy bekommen haben. Nur – wie würde es weitergehen? Ich meine, mit Drogen dealen und eine Geisel nehmen? Passt nicht wirklich zusammen, oder? Kann mir das nur so erklären, dass sie eine Stinkwut auf uns gehabt haben müssen. Wollten uns eine Art Lektion erteilen. Vielleicht hatten sie Angst, dass wir die Polizei einschalten. Und wollten Zeit gewinnen. Genau das hätten Joss und Basti nicht getan, zur Polizei zu gehen. Bin mir sicher. Nicht solange die mich in ihrer Gewalt hatten.

Weißt du, ich hab damit gerechnet, dass sie mich irgendwo abladen und in den Straßengraben werfen, bis sie abgehauen sind. Hätte ich so gemacht, wenn ich die gewesen wäre. Hatten aber einen andern Plan. Die beiden. Ich musste jedenfalls im Wagen bleiben. Bis zu diesem Bürogebäude. Wie weit wir gefahren sind? Halbe Stunde, vielleicht etwas länger. Konnte draußen nur ein paar Straßenlaternen erkennen und ein Tempo-80-Schild. War klar, dass wir aus der Stadt rausgefahren sind. Auf irgendeiner Landstraße. Irgendwann über ein paar Schienen. Bahngleise. Ein paar Minuten später waren wir dort. Hab nicht erkennen können, was für ein Gelände das war. Vielleicht der Ort, wo diese Silvesterraketen umverpackt wurden, von denen Joss erzählt hatte.

War im Prinzip auch egal. Weißt du, ich war sowieso nicht in der Lage, Hilfe zu holen. Konnte nur darauf hoffen, dass sie keinen Blödsinn vorhatten. Vor uns ging ein Rollgitter hoch. Sind mit dem Transporter direkt in eine Lagerhalle gefahren. Haben mich dort festgemacht. An einem Stuhl. Mit Händen und Füßen. Ich hatte den Kissenbezug noch immer über dem Kopf. Konnte kaum was sehen. Nur das Neonlicht über mir. Und Schatten, wenn einer von den beiden vor mir stand. Dann waren sie plötzlich weg. Den LKW ausräumen, hinten in der Halle. Hab nur Schritte gehört. Stimmen. Das ging eine halbe Ewigkeit so. Die Schritte waren mal näher, mal weiter weg. Dann überhaupt nicht mehr zu hören. Doch das Licht war noch an. Hat geflackert.

Weißt du, irgendwie hatte ich überhaupt keine Ahnung mehr, wie spät es war. Ob es draußen schon Morgen war oder noch dunkel. Hatte kein Zeitgefühl mehr. Wie an Mittsommer, wenn die Sonne 24 Stunden lang nicht untergeht. War aber auch egal. Hauptsache, die ließen mich in Ruhe. Die haben mich zappeln lassen, wollten sich später um mich kümmern. Hatte also nicht viel Zeit. Musste versuchen, mich loszumachen, was allerdings unmöglich war. Die verdammten Plastikstreifen haben mir die ganze Haut aufgerissen. Hab irgendwann wieder angefangen rumzuschreien. Weißt du, wenn das eine Lagerhalle war, gab es vielleicht noch andere Leute, die von dem Ganzen da nichts wussten und helfen konnten. Musste also noch lauter schreien. Bis die beiden wiederkamen.

Das Insekt hat die Panik bekommen, warum ich überhaupt noch etwas von mir geben könne. Ob dieser Igor zu blöd wäre, mir das Maul zu stopfen. Standen direkt vor mir, ziemlich außer Atem. Hab sie mit dem Schreien ziemlich irritiert, glaube ich. Wollte dann wissen, was sie mit mir vorhätten. Der Insektenmensch hat nur gesagt, dass mich das nichts angehe. Weißt du, darauf hab ich ihn angemacht: dass er erst 40 Kilo Dope verliere, jetzt eine Geisel am Hals habe und sein Boss nicht gerade happy sein würde. War natürlich nur geraten, das mit dem Boss, verstehst du? Aber ist da nicht meistens einer, der sich im Hintergrund hält? Für den ein paar andere die Drecksarbeit machen? Solche Typen gibt es doch immer. Und da ist der Insektenmensch durchgedreht. Hat sich geärgert über noch mehr Ärger. Erst durfte mir dieser Igor einen Tritt verpassen. Mit seinen Stiefeln. Und dann ist es selbst aktiv geworden. Das Insekt. Hat mit irgendetwas zugeschlagen. Wurde plötzlich alles dunkel um mich rum. Kann mich an nichts erinnern.

46. PROTOKOLL

JOSS Je länger ich darüber nachdenke, umso mehr glaube ich, dass alles Absicht war. Ich meine, dass er das vorbereitet hatte. Moki hatte es geplant – wie ja so vieles. Nur diesmal war er nicht nur Teil der Show, sondern die Show selbst, wenn man das so sagen darf.

Da war es schon morgens um fünf. Vor uns hat der ganze Wagen gequalmt. Und aus dem Dach sind erste Flammen. Doch von ihm war weit und breit nichts zu sehen. Dabei lag sein Hut mitsamt der Kohle in der Hängematte, wie wir später gemerkt haben. Tatsächlich. Und das ist das, was ich meine: Der Zirkus stand in Flammen, das Geld war allerdings *safe* – und auch der Hut. Den hat er sonst nur abgenommen, wenn irgendetwas Außergewöhnliches passiert ist. Wie gesagt: Selbst in der Schule hat er ihn getragen, und das heißt schon einiges!

Na, wir sind sofort zum Zirkuswagen. Wie panisch! Basti ist die Treppe hoch und wollte in den Wagen rein. Die Tür war aber zu – von innen verrammelt – ein Türschloss hatten wir nicht. Und da war klar, dass Moki noch drin sein musste. Wir haben nach ihm gerufen – nichts. Dann sind wir um den Wagen rum – dorthin, wo eins der Fenster war. Ich hab Basti hochgehoben, Baumleiter, damit er von außen dieses verfluchte Teil aufmachen konnte. Sekunden später sind wir reingeklettert. Es war unglaublich heiß, die totale Glut. Vorhölle, Haupthölle, Hinterhölle, was immer Sie wollen! Wir konnten nichts sehen, der Rauch war so dicht, dass einem fast die Augen geplatzt sind. Basti hat gehustet, und ich hab gedacht: Gleich ersticken wir beide.

»Mensch, da liegt er!«, hat Basti auf einmal gebrüllt. Wir sind immer hektischer geworden. Moki lag auf dem Sofa und war bewusstlos. Um ihn rum überall Feuer. Die Kiste mit den Kostümen muss als Erstes gebrannt haben. Von dort kamen die ganzen Flammen, die in der Zwischenzeit fast alles andere angefressen hatten. Verfluchte Scheiße, wir hatten keinen Plan, was wir tun sollten. Wir wussten nur, dass wir ihn da irgendwie rausholen mussten. Durch das Fenster wäre nicht gegangen, das hätten selbst wir zwei nicht geschafft. Also vorne raus durch die Tür. Davor hat aber der Tisch gestanden, deshalb ging sie vorher nicht auf. Der Rauch hat mir in den Lungen gebrannt, kann ich Ihnen sagen. So was möchte ich nicht noch mal erleben. Moki hat sich nicht gerührt. Der war komplett weg – und wir hatten mächtig Panik, dass er tot ist. Na, Basti und ich haben den Tisch irgendwie weggeschoben und wollten die Tür aufmachen. Plötzlich ist aber von oben ein Brett direkt zwischen uns, überall Flammen. Funken, die wie blöd durch die Haut geschossen sind – und ich hab gedacht, das war's. Sekunden später konnte ich Basti wieder sehen. Dem lief der Schweiß nur so über das Gesicht – durch diese verdammte Hitze. Doch zum Glück hatte er kaum was abbekommen, nichts Schlimmeres.

Wir haben Moki gepackt, Basti an den Füßen, ich unter den Armen. Dann wollten wir nach draußen. Aber vor uns stand auf einmal der Tisch in Flammen. Das eine Wandregal war umgefallen und hat uns den Weg versperrt. Das war wie eine Feuerwand – absolut unmöglich, daran vorbeizukommen. Nicht mit Moki, der überhaupt nicht reagiert hat, auf nichts. »Was jetzt?«, hab ich gebrüllt. Basti hat nach hinten gezeigt. In der anderen Ecke gab es ein paar Bretter, die schon morsch gewesen sein müssen, als der Zirkuswagen im Mittelalter oder wann auch immer gebaut worden war und durch die es im Winter immer höllisch gezogen hat. Basti ist hin und hat zwei-, dreimal dagegen getreten, mit aller Gewalt. Ich wusste gar nicht, dass er so eine Kraft hat. Und zack – die haben nachgegeben, als wäre das alles nur Kulisse für einen grottig schlechten Film. Erst ein Brett, dann die andern. Das Loch in der Hinterwand war irgendwann groß genug, um durchzuklettern. Erst Basti. Dann haben wir Moki dort rausgezogen, der Länge nach. Und am Schluss bin ich hinterher.

Ganz klar, wir hatten alle eine megaheftige Rauchvergiftung. Und wir haben minutenlang husten müssen, dass einem die Lunge durch den Hals gesprungen ist. Es hat tierisch gebrannt, innendrin, und wir konnten mächtig froh sein, dass wir nicht bewusstlos geworden sind – so wie Moki. Der hat sich immer noch nicht gerührt. Keinen Zentimeter. Der lag vor uns im Gras wie eine Schaufensterpuppe, die man im Backofen vergessen hatte. Ich war mir nicht sicher, ob der noch lebte. Basti hat gemeint, wir müssten versuchen, ihn wiederzubeleben. Nur wie? Stabile Seitenlage, Mund-zu-Mund-Beatmung – auf dem Gebiet bin ich wirklich kein Experte. Und Elín gab es ja auch nicht mehr. Als Pausenclown im Sanitätsraum hätte die bestimmt gewusst, was Sache ist. War aber nicht – und wir haben uns wie blöd angeglotzt, weil keiner gewusst hat, was zu tun ist.

Na, ich wollte wenigstens checken, ob er noch geatmet hat. Also hab ich mich direkt über ihn gebeugt, über sein Gesicht. Da sehe ich, wie es über mir immer dunkler wird. Dass da jemand ist. Ich dreh' mich um, und im nächsten Moment spritzt mir wieder Wasser ins Gesicht, die volle Ladung! So wie an dem Nachmittag, als uns Elín die Plörre über den Kopf geschüttet hatte. Moki und mir. Ich hab geflucht, können Sie sich vorstellen. Und Basti angebrüllt, dass er doch aufpassen solle. Aber das ging natürlich nicht, das war nicht Basti – der hat ja neben mir gesessen.

47. PROTOKOLL

ELÍN Natürlich waren die nervös. Das Insekt und dieser Igor. War nur allzu verständlich. Glaube, im Prinzip waren die nicht viel schlauer als wir. Gab bestimmt schon viel Ärger wegen der 40 Kilo Dope. Und dann auch noch die Geiselnahme! War so mit Sicherheit nicht geplant. Davor hatten sie Angst. Und ich konnte nichts tun. Nichts, um wegzulaufen.

Weißt du, ich hatte noch immer den Kissenbezug über dem Kopf, als ich wieder zu mir gekommen bin. An einer Stelle war ein kleiner Riss, durch den ich etwas mehr erkennen konnte, wenn ich den Kopf nach hinten gestreckt hab. Müssen die beiden Typen übersehen haben. Aber es gab sowieso nicht viel zu sehen. War noch gefesselt. An der Lehne und den Stuhlbeinen. Hatte außerdem über dem Mund einen Klebestreifen, damit ich nicht wieder schreien konnte. Oder sonst etwas, was sie in Panik gebracht hätte. Was ich sonst noch mitbekommen habe? Nicht viel. Hatte Kopfschmerzen von dem Schlag, den mir das Insekt verpasst hatte. War noch alles verschwommen, verstehen Sie? Wie verpixelt. Wurde dann ein bisschen klarer. Das Erste, was ich erkennen konnte, war der Insektenmensch. Saß an einem Tisch. Hat irgendwas auf seinem Handy rumgetippt. Ziemlich nervös. Hat vielleicht aber auch nur gedaddelt, so wie dieser Igor. Der lag auf einer Couch, hat GTA gezockt. Oder Call of Duty. Hat in der ganzen Halle rumgeballert.

Weißt du, auf mich hat keiner weiter geachtet. Konnte denen nicht mehr gefährlich werden. Hätte auch gar nicht gewusst, wohin. Vorne, das Rollgitter war verschlossen, und sonst hab ich nur Kisten gesehen. Bergeweise Kisten. Bis auf die eine Ecke, in der sie sich eingerichtet hatten. Ansonsten eine ganz normale Lagerhalle. Hochregale, in denen das ganze Zeug gestapelt war.

Ob ich Angst hatte? Nicht vor denen. Bin zwar kein Eisberg. Hab nur gelernt, Ruhe zu bewahren und nicht gleich auszuticken bei jedem Scheiß. Schon gar nicht bei solchen Typen wie dem Insekt und diesem Igor. Bin früher als Kind manchmal mit meinem Onkel in Njarðvík rausgefahren, in seinem Boot. Kann mich gut erinnern. Sind einmal in einen Sturm geraten. Windstärke 9. Vielleicht auch stärker. Und der Motor ist ausgefallen. Kein GPS, rein gar nichts. Waren die ganze Nacht auf dem Meer, bis uns am nächsten Tag ein anderer Kutter zurückgeschleppt hat. Da hatte ich Schiss, verstehst du? Aber nicht vor diesen Typen. Die waren höchstens Windstärke 3 oder 4. Wenn überhaupt. Zu nichts fähig. Nicht allein. Die konnten mir einen Tritt verpassen oder einen Schlag auf den Kopf. Mehr nicht. Für alles andere mussten die erst um Erlaubnis fragen. Und darauf haben sie gewartet. Ganz sicher.

48. PROTOKOLL

JOSS Moki hat später gemeint, er sei eingeschlafen. Mit einer Zigarette in der Hand – so zumindest seine Version. Ich weiß gar nicht, wie lange es gedauert hat, bis der wieder zu sich gekommen ist. Für mich hat es aber den Eindruck gemacht, als wäre er vollkommen *stoned* gewesen. Das ist natürlich nur eine Vermutung. Vielleicht hatte er einen Teil der Haschwürste vor der Übergabe im Haus abgezweigt – Eigenbedarf – und alles auf einmal intus, so wie Basti am Tag vorher. Anders kann ich mir das nicht erklären. Na ja, er war komplett breit. Und er kann von Glück sagen, dass ihn der alte Emmerich aus den ewigen Jagdgründen zurückgeholt hat. Das Wasser hat ihn zwar nur kurz wach gemacht. Wenigstens wussten wir aber, dass Moki noch am Leben war – und wir uns keine idiotischen Methoden ausdenken mussten, um ihn wiederzubeleben.

Es hat bestimmt über zwei Stunden gedauert, bis er halbwegs wieder ansprechbar war. Zeit genug, um den Brand zu löschen. Zumindest haben wir das versucht. Dass der alte Emmerich überhaupt aufgekreuzt ist, hat mich nicht wirklich überrascht. In der Situation vielleicht. Aber je länger ich drüber nachdenke, umso wahrscheinlicher war das ja. Ich hatte Ihnen ja erzählt, dass der nur ein paar 100 Meter weiter sein Haus hat – und als da bei uns erste Flammen aus dem Zirkus geschossen sind, war bei dem natürlich sofort Alarm. Zum Glück hat er keine Feuerwehr verständigt. Mit dem Brand mussten wir schon selbst klarkommen beziehungsweise er. Und der Einäugige konnte das, sogar ohne Feuerlöscher! Erst hat er die Tür aufgetreten, mit aller Gewalt. Dann mussten Basti und ich ständig runter zum Fluss, um die Eimer wieder vollzumachen, mit denen er anschließend rein ist. Und irgendwie hat er es tatsächlich geschafft, das Feuer zu löschen.

Vollkommen vergeblich natürlich. Bis auf ein Stück Rückwand war alles verkohlt. Vom Wagen war am Ende nichts mehr übrig außer einem Skelett aus schwarzen Brettern, das zwischen ein paar Bäumen stand und in der Morgensonne zum Himmel gestunken hat. Das Dach war nur noch zur Hälfte vorhanden, und innendrin war alles verbrannt oder total verrußt. Na, der Zirkuswagen war tot, kann ich Ihnen sagen. Der Wagen an sich, das Sofa, die komplette Einrichtung. Das war's mit unserem Geheimversteck, das Rauchzeichen gegeben hat bis weit hinter den Horizont. Und wenn die Typen, die mit Elín abgehauen waren, nur einmal zum Fenster rausgeschaut hätten, die hätten direkt zu uns an den Fluss fahren können, um sich die restlichen 5000 zu holen. Die lagen ja in der Hängematte, fein säuberlich – und es war nur eine Frage der Zeit, bis uns der Emmerich darauf ansprechen würde, hab ich gedacht. Hat er aber nicht. Ich bin mir sicher, dass er den Haufen Kohle gesehen hat – selbst mit einem Auge. Der wollte uns aber nicht vorführen oder uns irgendeine Moralpredigt halten. Ich glaube, der wollte das alles, wenn überhaupt, von uns hören. Und hätten wir nichts gesagt, hätte er vielleicht auch nicht danach gefragt. So einer ist das, wenn Sie verstehen, was ich meine.

49. PROTOKOLL

ELÍN Irgendwann ging eine Tür auf. Hinter den Hochregalen. Hab nur das Geräusch gehört, wie sie anschließend wieder ins Schloss gefallen ist. Stand plötzlich dieser Mann im Raum. Schon älter. Viel konnte ich nicht erkennen unter dem Kissenbezug. Ist mir nur aufgefallen, dass er Gummistiefel trug. Hatte außerdem einen Stock in der Hand. Und rechts eine Augenklappe. Schwarz. Ziemlich unheimlich. *Spooky,* verstehst du? Die beiden andern Typen sind aufgesprungen, als würde der Teufel vor ihnen stehen. Direkt aus der Unterwelt. Höchstpersönlich. War nicht schwer zu kapieren, dass die damit nicht gerechnet hatten. Ganz bestimmt nicht. Hatte fast den Eindruck, dass die sich überhaupt nicht gekannt haben. Wahrscheinlich der Überboss, habe ich gedacht. Ganz oben im Kartell, wenn es so was gab. Hat nach großem Ärger ausgesehen, verstehst du?

Die waren jedenfalls ziemlich irritiert. Das Insekt und dieser Igor. Der andere hat die aber gar nicht weiter beachtet. Hat sich einen Stuhl genommen, sich mir gegenübergesetzt. Dann hat er mit seinem Stock auf mich gezeigt und das Insekt gefragt: »Ist das das Mädchen?«

50. PROTOKOLL

JOSS Na, ich hab mit dem Emmerich vorher nie viel geredet. Keiner von uns hatte das, weder ich noch Basti oder Moki. Der hat uns dort unten immer machen lassen. Einfach so. Ich glaube, bevor wir ihm den Wagen abgefackelt haben, war der sogar ganz froh, dass wir da waren. Von wegen Einsamkeit und so. Außer seinem Esel und den Kühen war da ja niemand. Aber dass dieser Mist nun passiert war, hat alles etwas verkompliziert. Natürlich waren wir ihm eine Erklärung schuldig, wenngleich er sie, wie gesagt, gar nicht eingefordert hat. Als wir aber mit dem Löschen fertig waren, war auch Moki wieder wach. Noch ziemlich breit – unterm Strich ging es ihm aber erstaunlich gut, glaube ich. Und da war es an ihm, sich für die ganze Scheiße zu rechtfertigen. Doch stattdessen ist der erst mal zur Hängematte. Und als er gesehen hat, dass seine 5000 Euro noch immer drinlagen, hat er sich umgedreht, ist wieder auf uns zu und hat blöd gegrinst. »Schön, dass ihr wieder da seid. Ging ja gerade noch mal gut«, hat er gesagt, als wäre das alles nur eine seiner beschissenen Mutproben gewesen.

Schon dafür hätte ich ihm wieder eine reinschlagen können. Basti genauso. Denn als Moki uns gefragt hat, was der Einäugige denn hier wolle, ist Basti der Kragen geplatzt. »Der hat dir das Leben gerettet – uns allen hat er das!«, hat er ihn angebrüllt. Das war zwar etwas übertrieben, das mit dem Lebenretten, schließlich hatten wir Moki ja rausgezogen. In der Situation war es aber genau das Richtige, um ihn aus seiner Galaxie wieder zurück auf die Erde zu beamen. Moki jedenfalls hat das ziemlich überrascht – er hat uns nur wie blöd angeglotzt und erst mal gar nichts mehr von sich gegeben. Na, vielleicht hätte selbst das nichts gebracht, wenn sich nicht der alte Emmerich eingeschaltet hätte. Der hatte die ganze Zeit über nur zugeschaut und sich seinen Teil gedacht, glaube ich. Und als ihn Moki so angemacht hat, hat er ihm erst mal die Meinung gegeigt, wobei auch das nicht ganz richtig ist. Der Emmerich hat sich vor ihn gestellt, die Arme verschränkt und ist ganz ruhig geblieben. Tief drin muss es in dem ganz schön gebrodelt haben. Ich meine, da sind drei Vollbratzen, die sich in seinem Zirkuswagen eingenistet hatten, um das Teil schlussendlich niederzubrennen. Und kurz danach fragt einer noch danach, was er denn – also der Emmerich – da unten zu suchen habe. Ich glaube, ich wäre da nicht so ruhig geblieben. Der Einäugige war allerdings genau das Gegenteil. Der hat sich nicht aufgeregt, weil er sich einfach nicht aufregen wollte. Totale Körperbeherrschung. Weisheit im Alter. Er hat Moki sogar kurz zugelächelt und ihn gefragt, ob der sich jetzt besser fühle oder ob er nicht doch den Rettungswagen holen solle. Ich muss sagen, ich war völlig geplättet. Moki natürlich auch. Der hat bloß vor ihm gestanden und gestammelt, dass das schon ok sei und er klarkommen würde. Na, was anschließend kam, fand Moki bestimmt weniger lustig. Der Emmerich hat ihm die Hand auf die Schulter gelegt. Dann hat er auf die Hängematte gezeigt und gesagt: »Und das Geld da, von dem kaufe ich mir jetzt einen neuen Zirkuswagen, oder was?«

51. PROTOKOLL

ELÍN Weißt du, was mich am meisten gewundert hat? Diese Gúmmístígvél. Diese Boots. Der Mann, dieser Big Boss, wie ich zuerst gedacht hab, saß vor mir. Hat mich angestarrt. Wie der aussah? Nicht wirklich wie einer, der kokst oder den ganzen Tag Kaviar schlürft. Anders. Der war schmutzig. Hatte schwarze Hände. Dazu diese komischen Gummistiefel. Hab gedacht, dass der so was macht wie Leichen auflösen in irgendwelchen Säuren. Chemikalien. So wie der Typ in *Breaking Bad*, verstehst du? Und da hätte ich bestimmt Panik bekommen. Ganz sicher.

Hab mich zum Glück geirrt. Der hat nur gepokert. So sagt man doch, oder? Hat die beiden zumindest total beeindruckt. Dieser Igor hat das Insekt die ganze Zeit angestarrt. Wusste nicht, was er tun sollte. Das Insekt war aber mindestens genauso von der Rolle. Da war mir klar, dass die beiden den Alten vorher noch nie gesehen hatten. Ganz sicher nicht. Hatten keine Ahnung, mit wem sie es zu tun bekamen. Plötzlich ist der Alte wieder aufgestanden. Hat mit seinem Stock auf den Boden geschlagen und gesagt, dass sie mich losmachen sollten. Würde dann die ganze Sache hier vergessen, so hat er sich ausgedrückt.

Wie die reagiert haben? Der Insektenmensch ist zusammengezuckt. Hatte keine Ahnung, was er unternehmen sollte. Weißt du, da taucht dieser Fremde auf und gibt ihm Anweisungen. Auch der andere ist immer kleiner geworden. Der Kleinere. Hab für einen Moment gedacht, das war's dann. Die würden mich losmachen. Ich könnte gehen. Da hat der Insektenmensch angefangen nachzudenken. Tatsächlich. War kurz davor, alles hinzuwerfen. Ist ihm schließlich aber klar geworden, dass das alles nicht sein konnte. Wurde richtig wütend, verstehst du? Ist rübergelaufen zum andern. Zu Igor. Hat sich das Messer geschnappt und damit dem alten Mann gedroht. Stand vor ihm. Hat ihn gefragt, wer er überhaupt sei. Der Alte hat sich aber nicht einschüchtern lassen. Ist einfach cool geblieben. Hat gesagt: »Der Große M – noch nie etwas von mir gehört?«

52. PROTOKOLL

JOSS Man bekommt immer nur das mit, was man mitbekommen will. Ist ja bekannt. Zum Beispiel, wenn man sagt: »Turbo-Abi mit glatter 1, aber jetzt erst mal ein Soziales Jahr!« oder »Für die Lungenkrebstherapie hab ich mein Bonzenkonto in der Schweiz«. Genauso war das mit dem abgebrannten Zirkuswagen und der Kohle, die der Emmerich von uns wollte – sozusagen als Entschädigung, was ihm auch zugestanden hätte, zweifelsohne. Moki jedenfalls hatte nur Ohren für die 5000, die er wieder hergeben sollte. Und dem stand die Kinnlade senkrecht, können Sie mir glauben. Der Emmerich hat das natürlich nicht ganz ernst gemeint, zum Glück. Ich glaube, der wollte ihn nur ein wenig in die Ecke treiben, um zu sehen, wie Moki so drauf war – jetzt, wo es ihm scheinbar besser ging. Und da war es ziemlich geschmeidig, ihn erst mal im Ungewissen zu lassen, ob er's nicht vielleicht doch so meint, wie er es vorher gesagt hatte.

Na, was mich aber mehr beschäftigt hat als die Kohle, war das, was der Einäugige noch in diesem Satz von sich gegeben hatte. Dass er sich jetzt einen neuen Zirkuswagen kaufen wolle, hat er gesagt. Und das hat geheißen, dass der alte auch schon ihm gehört hat. Also keinem Clown, der ihn dort unten vergessen hatte. Oder doch einem Clown – wenn es sich dabei um den Emmerich gehandelt hat: den Großen M! Zack, ist mir das Programmheft wieder eingefallen, das ich bei der Übergabe in meinem Kostüm gefunden hatte und das jetzt mit allem andern verkohlt sein musste.

»Nein, ein Clown war ich nicht«, hat er uns dann korrigiert. »Aber der Zirkuswagen war mal meiner, früher«, hat er gesagt. Doch er sei nicht als Komiker durch die Gegend gezogen, sondern als Magier – also Zauberer. »Wow«, hat Moki dann angefangen, »ein Büffelhirte als Harry Potter. Der verlängerte Arm jedes Kaninchenzüchtervereins. Wo hat er denn seinen Zylinder?« Ich glaube, so richtig scharf war Moki nicht drauf, die Geschichte von dem Alten zu hören. Doch er hatte keine Wahl. Entweder er würde mitspielen und Interesse heucheln – oder der Emmerich würde tatsächlich die 5000 einsacken und Moki hätte das komplette Nachsehen: kein Geld, kein Zirkus, keine Idioten, die sich alles von ihm gefallen lassen würden. Nada.

Wir sind dann mit ihm rüber in sein Haus, in das vom Emmerich. Von außen war das ein ganz normaler Schuppen, wie ihn wohl alle Bauern haben. Haustür, Gästeklo, 24 Stunden Stallgeruch, wenn man reinkommt – völlig unspektakulär. Innendrin sah die Hütte aber schon ganz anders aus. Keine Eckbank oder Schweineblutfliesen, wie man das aus Metzgereien so kennt. Stattdessen hatte der im Wohnzimmer – ich glaube zumindest, das war so eine Art Wohnzimmer – alles voller Bilder. Wie eine Galerie. Fotos, Zeitungsartikel – Ausschnitte aus seinem Leben. Der Große M muss wirklich mal eine größere Nummer gewesen sein. Im Zirkus SKY.

»Nein, mit SKY hatte das wenig zu tun«, hat er uns dann erklärt. STANSKY hätten sie sich genannt. »Wir waren nur zu zweit. Lena und ich. Sie hatte den Wagen – ich das Talent. Zusammen sind wir durch halb Europa. Und das weniger mit Zirkuspferden und ein paar Tonnen Sägemehl als vielmehr als Varieté, auch wenn der Wagen da draußen vielleicht einen etwas anderen Eindruck gemacht hat.« Mit seiner Frau von Paris bis Stockholm. Ich hab die Bilder dann etwas genauer unter die Lupe genommen. Auch wenn das meiste nur irgendwelche Zeitungsausschnitte in Schwarz-Weiß gewesen sind, man konnte gut erkennen, wie hübsch diese Lena mal gewesen sein musste. Lange Haare, tolles Lächeln, Spitzenfigur. Auf einem Foto hatte sie sogar dieses weiße Paillettenkleid an, mit dem sich Elín an dem Abend vorher noch verkleidet hatte, als wir in diesem Palast waren. Und genau da ist mir wieder durch den Kopf, warum wir eigentlich da drin waren beim Emmerich. Eben wegen Elín, die mir auf einmal so unglaublich weit weg erschienen ist. Als wäre sie nie bei uns gewesen – oder als hätten wir sie nur geträumt. Das muss wohl an der Müdigkeit gelegen haben. Mann, waren wir in Stücke, kann ich Ihnen sagen. Nach dieser Nacht – und dann der Brand!

Der Emmerich kam aus der Küche wieder und hat uns erst mal ein paar Brote in die Hand gedrückt – als Frühstück sozusagen. Wir hatten ja die letzten 20 Stunden kaum was gegessen, und mit einem Mal hab ich neben der Müdigkeit auch mächtig Hunger verspürt. Und so ging es uns allen. Basti und ich waren vermutlich noch müder als Moki – der hatte zwischendurch ja so etwas wie Schlaf. Aber selbst der war froh, sich irgendwo hinsetzen zu dürfen und etwas zu essen zu bekommen. Ja, das war echte Magie, kann ich Ihnen sagen. Der Emmerich hat uns von diesem schrecklichen Traum erlöst. Es gab wieder so etwas wie Normalität, wenn man das so ausdrücken will. Draußen war es hell – und wir saßen da und haben Wurstbrote mit Gurken gefuttert und Apfelsaft getrunken. Selbst gepresst, versteht sich. Das war wie Himmel nach einer absoluten Horrornacht. Fast zumindest – wenn wir in der Zwischenzeit nicht den Zirkuswagen abgefackelt hätten und diese Sache mit Elín gewesen wäre.

»Wenn ihr mich fragt, ist doch alles wieder im Gleichgewicht«, hat Moki irgendwann gemeint, als der Emmerich kurz draußen war, um Nachschub zu holen. »In der Hängematte liegt die Kohle. Mit der hauen wir ab und suchen uns ein neues Quartier – irgendwo, wo uns weder die Walrosstante noch ihre Eiswürfelbande findet.« Natürlich, hab ich gedacht. Klaro ist jetzt alles wieder cool und witzig. Jedenfalls für Moki. Der hatte nichts kapiert, überhaupt nichts. Der hatte keinen Schimmer, was er angerichtet hatte, und der würde am liebsten gerade da weitermachen, wo wir vor dem Auftauchen von Elín gewesen waren. Mit dem Unterschied, dass die Haschwürste bereits verkauft waren und wir mit 5000 Euro einen Neustart versuchen könnten, sofern uns der Emmerich nicht doch noch eine fette Rechnung ausstellen würde.

So einfach hätte es sein können. Moki hatte nicht den Hauch von Gewissensbissen. Und wenn, dann hat er sie verdammt gut zu verbergen gewusst. Eben war er noch halb draufgegangen, und jetzt wollte er gleich wieder nach einer neuen Location Ausschau halten. Das Schicksal hatte nicht zugeschlagen – Grund genug, es erneut herauszufordern. Und wenn der Einäugige nicht gleich wieder mit einem Tablett voller Schinkenbrote rein wäre, hätte es Moki wahrscheinlich schon wieder geschafft, sich durchzusetzen. Der Alte hat ihm aber gleich die Luft abgepumpt. »Dass ihr eurer Freundin helfen müsst, steht ganz außer Frage«, hat er gesagt, »ihr müsst nur planvoll vorgehen und euer Kapital richtig einsetzen.« »Welches Kapital?«, hat Moki blöd zurückgefragt, als hätte er die Kohle zwischendurch schnell zur Bank gebracht und wüsste von nichts. Darauf hat der Emmerich zweimal kurz mit den Fingern geschnippt, und im nächsten Moment lagen auf dem Tablett keine Schinkenbrote mehr, sondern die 5000 Euro. Zauberei, kann ich Ihnen sagen. Oder vielmehr: der Große M.

53. PROTOKOLL

BASTI ich weiß nicht, wann moki angefangen hat umzudenken ... ob er überhaupt bereit dazu war ... ich glaube, den emmerich hat er nicht besonders gemocht ... und das alles, was dem passiert ist, dem alten ... das hat ihn nicht wirklich beeindruckt ... wie der damals seine frau bei dem autounfall ... krasse geschichte, wissen sie ... über 40 jahre her ... der ist dabei fast selbst draufgegangen, hat er uns erzählt, als joss ihn nach einem der fotos gefragt hat ... na ja, das auge, was aber nicht das übelste gewesen sei, hat er gesagt ... nicht so übel wie alles andere ... und nur, weil er es geschafft hatte, aus dem auto rauszukommen ... der ist zurückgelaufen zur nächsten telefonzelle, hilfe holen ... halb blind ... drei kilometer, eine ewigkeit, wenn man kaum was sieht, wegen dem auge ... und dann war's natürlich zu spät ... dabei gab es ein paar meter weiter eine arztpraxis, also hinter der nächsten kurve ... wusste er natürlich nicht, wie auch ...? und dort hatte keiner etwas bemerkt, war ja schon spät ... seine frau, diese lena, hätte wahrscheinlich überlebt ... einfach die falsche entscheidung, hat er gesagt ... eine verkettung unglücklicher umstände, wie so oft im leben ... der hat danach aufgehört mit dem varieté ... hätte wahrscheinlich jeder so gemacht ... trotzdem, wenn man ihn so sieht, den emmerich ... schade, dass er nicht weitergemacht hat ... den hätte ich gerne mal auf der bühne, also bei seiner zauberei ... ich glaube, der war mal richtig gut ... bestimmt ...

moki hat das nur wenig interessiert ... der hat kaum zugehört, war nur wütend wegen des geldes ... seinem anteil, den er hergeben sollte ... für elín ... und es lag irgendwie nicht mehr an ihm, darüber zu entscheiden, jetzt, wo sich der emmerich eingeschaltet hatte ... wieso wir auf den hören sollten, hat moki gefragt, als wir wieder kurz allein waren ... das hat ihn tierisch angenervt, glauben sie mir ... weil wir es elín schulden würden, hat joss gesagt ... da hat sich moki erst recht aufgeregt ... wie wir uns denn von diesem zyklopen so manipulieren lassen könnten, hat er uns angemacht ... der kenne elín überhaupt nicht ... der solle sich besser weiter um seine büffelherde und so weiter ... und von richtigen oder falschen entscheidungen hätte der glaskugelmeister ja wohl die weltgrößte ahnung, wie jeder sehen könnte ...

54. PROTOKOLL

JOSS Basti kam dann auf die Idee mit dem Smartphone. Das Teil hatten wir schließlich zurück – für fünf Riesen, wobei die Typen das Video ja gelöscht hatten. Doch da war noch immer die Nummer vom Hobbit eingespeichert. Klar, der war der Einzige, den wir fragen konnten. Die einzige Spur sozusagen. Wo hätten wir sonst anfangen sollen? Na, Moki war nicht gerade begeistert, kann ich Ihnen sagen. Aber der Emmerich hat ihm die Knarre auf die Brust gesetzt, buchstäblich. Der hat nicht lockergelassen, obwohl es dem Alten ja gleichgültig sein konnte. Eigentlich. War es aber nicht, glaube ich. Aus welchen Gründen auch immer. Vielleicht war ihm langweilig. Oder er wollte uns einfach eine Lektion erteilen – oder etwas beweisen. Und das hat er geschafft, definitiv.

Wir mussten es bestimmt dreimal versuchen, bis der Typ rangegangen ist, Ronnie-Roy. Entweder hatte der Angst, dass das Elín wäre, die ihn anruft. Oder der war so zugedröhnt, dass er's so schnell nicht auf die Kette bekommen hat. Jedenfalls war er irgendwann dran, und man konnte an seiner Stimme hören, dass ihm das ziemlich unangenehm war. Der hatte es mächtig verbockt – und dass wir ihn jetzt kontaktierten, damit hatte der bestimmt nicht gerechnet.

Was wir denn von ihm wollten, hat er gefragt. Ich hab mit ihm geredet, und ich wusste nicht so recht, wie ich vorgehen solle. Hätte ich ihm gedroht, die Polizei einzuschalten, hätte er sofort dichtgemacht und aufgelegt. Und wenn ich zu freundlich gewesen wäre – Tränendrüse, Mitleid und so weiter –, der hätte mich nicht ernst genommen und vermutlich das Gleiche getan. Ob er uns denn helfen könne, habe ich ihn dann gefragt – so beiläufig wie nur möglich –, es gehe um Elín. Klack, der hat überhaupt nicht zugehört und sofort aufgelegt. Schlechtes Gewissen. Oder die Panik, weiteren Ärger zu bekommen. Ich hab's danach bestimmt eine Viertelstunde lang noch einmal versucht. Nichts. Der Hobbit ist einfach nicht mehr rangegangen. Das Handy ausgeschaltet hat er aber auch nicht, vielleicht hat er gleichzeitig auf irgendeinen andern Anruf gewartet, von seinem Großdealer aus Mittelerde, was weiß ich. Nach rund 20 Minuten ist er aber dann doch noch einmal ran, als hätte er die ganze Zeit darüber nachgedacht, was er uns sagen sollte. »Seid ihr bescheuert!«, hat er gebrüllt. »Was geht mich eure Freundin an?« Und wie wir dazu kommen würden, diese Nummer zu wählen, die sei rein dienstlich. Also geschäftlich, hab ich gedacht – wenn es um kleinere oder größere Mengen Hasch, Koks oder bunter Pillen geht. Ich glaube, er hat versucht, uns Angst zu machen, weil ihm selbst der Hintern mächtig geflattert hat. Na, ich bin gar nicht dazu gekommen, irgendwas zu sagen. Der Emmerich hat mir das Handy aus der Hand genommen und gesagt: »5000 – wenn du uns verrätst, wo wir Elín finden.« Zack – das hat gesessen, sage ich Ihnen. Nicht nur beim Hobbit, sondern auch bei Moki, der direkt daneben stand. »5000 für eine bescheuerte Adresse?« Ich glaube, der hätte dem Emmerich das Handy am liebsten durchs Ohr gepustet.

Der Hobbit am anderen Ende war aber erst mal still. Der hat überlegt, zehn Sekunden lang, eine halbe Minute. Dann hat er gesagt: »Ok, gleiche Stelle wie beim letzten Mal.« Im nächsten Moment hat er uns weggedrückt, und wir standen da und wussten nicht, ob das jetzt wirklich eine so großartige Idee war oder nicht. Ich meine, das war das, was wir hatten. Und wir mussten alles auf diese eine Karte setzen. Eine ziemlich jämmerliche Karte, hat Moki gemeint. Totaler Bluff. Die Offenbarung der Offenbarung. Der Hobbit sei ja wohl der Letzte, dem man vertrauen könne. Wegen ihm sei der ganze Mist doch passiert, der stecke doch mit den anderen unter einer Decke. Und wenn wir uns mit dem treffen würden, käme der Insektenmensch mitsamt der Nagelfratze hinterher und wir könnten uns die 5000 endgültig abschminken.

Klar, die Angst hatte ich auch. Wir alle. Aber war es nicht eher so, dass es dem Hobbit ums Geld gegangen ist und nicht darum, uns irgendetwas heimzuzahlen? Warum sollte er dann den beiden anderen Typen Bescheid geben, hab ich gedacht. Um zu teilen? Und wenn wir uns schon nicht auf ihn persönlich verlassen konnten, dann wenigstens auf seine Gier. »Woher wissen wir, dass er uns nicht doch verarscht?«, hat Moki wieder gefragt. »Der weiß vielleicht gar nichts und erzählt uns die Geschichte von Schneewittchen und den sieben Zwergdealern?«

»Genau das werden wir rausfinden«, hat der Emmerich gemeint. »Denn dafür zahlt ihr ihm unsere 5000 Euro.« Ich weiß nicht, was Moki in dem Moment gedacht hat. Wahrscheinlich war er hochgradig angefressen. Einen Tag vorher hat ihm Elín noch an das eine Bein gepinkelt, jetzt der Einäugige an das andere. Dabei hat er nur ausgesprochen, was Sache war. Das Geld gehörte nicht mehr uns allein. Der Emmerich hatte jetzt mindestens genauso einen Anspruch darauf wie jeder andere von uns. Und dass wir die Kohle nicht für ein anderes Geheimquartier ausgeben würden, das waren wir nicht nur Elín schuldig, sondern auch dem Emmerich. Von daher hatten wir keine Wahl. Der Hobbit würde das Geld kassieren. Nur – ob wir dafür auch die richtigen Informationen bekommen würden, blieb natürlich offen.

55. PROTOKOLL

ELÍN Kennst du diesen Satz: *Zauberei gibt es so wenig wie Wunder. Trotzdem kann man nicht darauf verzichten.* Genau das war dem Alten bewusst, verstehst du? Diesem »M«. Hatte alles versucht, die beiden zu täuschen. Aber natürlich hatte der Insektenmensch irgendwann verstanden, dass alles nur Show war. Dass der Mann mit der Augenklappe ein Nichts war und ihn für dumm verkaufen wollte. Wer dieser Typ war? War mir nicht klar. Genauso wenig wie dem Insekt und dem andern. Die standen vor ihm. Wussten nicht, was sie tun sollten, verstehst du? Wer er denn sei und wo er herkommen würde, haben sie ihn gefragt. Aber der hat gar nichts mehr gesagt. Hat sich einfach wieder auf seinen Stuhl gesetzt. Mit dem Stock. Ohne ein Wort. Weißt du, das hat sie wütend gemacht. So richtig. Das Insekt und diesen Igor. Hatten plötzlich zwei Geiseln. Die zweite war auch noch freiwillig zu ihnen gekommen. Hatte sie entdeckt, in ihrem Versteck. Weißt du, jetzt hatten die Panik. Vor ihrem echten Boss. Oder davor, dass noch andere kommen würden, um sich daneben zu setzen und sich das alles anzuschauen.

56. PROTOKOLL

JOSS Wir hatten uns ein paar Stunden hingelegt, so fertig, wie wir waren – beim Einäugigen auf dem Dachboden –, und sind erst gegen Abend los. Der Emmerich ist mitgekommen, in seinem Traktor. Der hat seinem Esel »Gute Nacht« gewünscht und sich dann hinters Steuer geklemmt. Das war schon mächtig abgefahren, kann ich Ihnen sagen. Ein einäugiger alter Mann mit uns auf diesem Ackerporsche über die Landstraße – sozusagen dem Untergang entgegen. Und Moki mit dem Japsen voneweg. Oder hinterher, je nach Verkehrslage.

Ich weiß noch immer nicht, was ich von ihm halten soll, dem Einäugigen. Im Prinzip ging ihn die ganze Sache ja nichts an. Und Elín gekannt hat er auch nicht. Ich glaube, er wollte etwas gutmachen. So wie einer, der in seinem Leben etwas vermasselt hat und das wieder geradebiegen will. Eine Art zweite Chance. Die Geschichte mit ihm und seiner Frau hat Ihnen Basti bestimmt schon erzählt. Und jetzt, wo der Zirkuswagen weg war, ist das vielleicht alles wieder hochgekommen. Na ja, ich war zumindest heilfroh, dass er dabei war. Allein hätten wir das nie geschafft.

Die Koordinaten hatten wir vorher tatsächlich vom Hobbit bekommen. Keine Adresse, aber eine Art Tipp, wo sich die Typen verkrochen haben könnten. Von einem Bürogebäude, einem größeren Komplex, habe er gehört. »Mit ein paar Schuppen drumherum – für Feuerwerkskörper, ein alter Umschlagplatz – getarnt als Import/Export«, hatte der Hobbit gemeint. »Keine Garantie, aber das Einzige, was ich euch geben kann.« Dass der uns nicht linken wollte, hab ich ihm irgendwie abgenommen. Wenn Sie mich fragen, hatte der selbst einen mächtigen Hals auf die beiden, auf das Insekt und die Nagelfratze. Jedenfalls hat er uns viel Glück gewünscht, und dass ihm das ziemlich leid tun würde, was da in dem Haus mit Elín abgelaufen war. Wahrscheinlich hat er das genauso gemeint, wie er es gesagt hat – und in dem Moment war der mir gar nicht mehr so unsympathisch, auch wenn er dafür die restliche Kohle eingesackt hat.

Als der mit seinem Wohnmobil weg war, war selbst Moki wieder halbwegs bei der Sache, fast so wie früher. »Volle Dröhung«, hat er gesagt, so wie der Hobbit vorher – und das klang irgendwie so, als wäre er wieder dabei, selbst wenn es vielleicht nur als Joke gemeint war. Trotzdem, ändern konnte Moki sowieso nichts mehr. Und vielleicht war das so eine Art Befreiung. Von den 10 000 war nichts mehr übrig, kein Cent. Darüber konnte er sich ärgern – oder es so nehmen, wie es war. Und ich glaube, genau dafür hat er sich entschieden: es ganz einfach zu akzeptieren. Das Einzige, was jetzt noch gezählt hat, waren die Typen, die Elín in ihrer Gewalt hatten. Auch wenn er das nie zugegeben hätte: Dass wir versuchen würden, sie dort rauszuholen, hat sogar ihn gepackt. Quasi als kollektive Mutprobe, wenn man so will. Und weil der Ort rund 50 Kilometer entfernt war, grob geschätzt, war es umso besser, dass uns der alte Emmerich mit seinem Traktor zur Seite stand. Mit den Rädern hätten wir das nie geschafft, nicht in unserem Zustand. Und zu dritt auf dem Japsen wäre auch mächtig eng geworden. Außerdem hatte der Emmerich einen Plan. Na ja, so in etwa wenigstens. Wir wussten ja nicht, was uns dort erwarten würde, an diesem Umschlagplatz. Mit dem Traktor hatten wir allerdings eine Art Panzer, der es jederzeit mit ihrem Kleintransporter aufnehmen konnte – wenigstens von der Power her.

Na, unsere Reise bis zum Mittelpunkt der Ewigkeit hat dann aber doch ziemlich lange gedauert. Ich glaube, ich hab noch nie so lange auf einem Traktor gesessen. Und so nebendran auf dem Beifahrersitz war das nicht wirklich *First Class* mit Plüschkomfort. Basti ging es ähnlich. Der saß mir gegenüber – die ganze verfluchte Strecke auf dieser endlosen Landstraße, bestimmt zwei Stunden lang. Und der wurde immer blasser im Gesicht. Unterhalten war nicht, dafür war der Diesel viel zu laut am Nageln. Und Basti musste sich, glaube ich, die ganze Zeit darauf konzentrieren, nicht wieder auszulaufen. Nur für den Emmerich war das wie ein Sonntagnachmittagsausflug. Der hatte die Ruhe weg. Ab und an hat der sich den Schweiß unter der Augenklappe weggewischt. Sonst saß er da – ohne großen Hokuspokus – nur in kariertem Hemd und komplett verdreckten Gummistiefeln. Der hat geradeaus geguckt und vor sich hin gegrinst, als wäre das alles ein Riesenspaß und nichts könnte uns die Sohlen unter den Füßen wegreißen. Ich war mir da nicht ganz so sicher. Der Emmerich hatte mit den Typen ja noch nichts zu tun gehabt. Die beiden waren gefährlich, zumindest der eine. Wahrscheinlich hatte der Insektenmensch außer diesem Zungenlecken nichts Bedrohliches. Bei dem kleinen Nagelmann war das aber etwas anderes. Der war unberechenbar. Und wenn der von der Leine gelassen würde, wäre er zu allem fähig, das war mir von Anfang an klar.

Ich hab versucht, mir vorzustellen, was mit Elín in der Zwischenzeit wohl passiert sein konnte. Dabei hatte ich nur dieses Bild vor Augen, wie sie hinten im Lieferwagen lag, gefesselt, dass sie kaum Luft bekam. Wir konnten nur hoffen, dass sie mit ihr nichts angestellt hatten, nichts noch Schlimmeres, wenn Sie verstehen, was ich meine. Doch genau das hat mir Angst gemacht. Und wenn es keine Angst war, dann ein verdammt komisches Gefühl. Wie gesagt: Die Fahrt auf dem Traktor war ein kompletter Blindflug in jeder Hinsicht. Wir auf der Landstraße – und um uns herum wurde alles wieder dunkel. Ständig sind uns irgendwelche Scheinwerfer entgegengerast – in der Dämmerung –, und ich hatte überhaupt keine Ahnung mehr, wo wir uns überhaupt befunden haben. Allerdings gab es kein Zurück mehr. Wir mussten dahin: zur größten Silvesternacht, die ganz Illinois und Alabama jemals gesehen haben – und das mitten im Hochsommer.

57. PROTOKOLL

ELÍN Was dann passiert ist? Als das Rollgitter hochging, waren die beiden noch mit dem alten Mann beschäftigt. Der saß auf seinem Stuhl, unverändert. Hat nichts geredet. Weißt du, der wollte nicht mal weglaufen. Wozu hätten sie ihn also fesseln sollen? So wie mich? Hätten sich wahrscheinlich gar nicht getraut. Mehr war nicht nötig. Reichte ja, ihn im Auge zu behalten. Wie es dann weiterging? Da kam dieser schwarze Wagen. Direkt in die Halle. Hab es nicht so genau gesehen. Das Insekt hat jedenfalls so etwas wie »Endlich!« gerufen. Glaube, der war wirklich happy, dass da jemand kam, der ihm sagen konnte, was er als Nächstes tun solle.

Was das für ein Wagen war? Keine Ahnung. War allerdings ziemlich schräg, verstehst du? Irgendwas hat da nicht gestimmt. Konnte nicht genau erkennen, was. Muss aber mit der Karosserie zu tun gehabt haben. Oder es lag an diesem Geräusch, dem Motor. Weißt du, der war nicht mehr ganz in Ordnung. Roch gleich alles nach Öl. Oder Benzin. Und da war mir natürlich klar, dass da etwas passieren könne. Was ziemlich Schlimmes. Ist dann ja auch so gekommen.

58. PROTOKOLL

JOSS Ich glaube, ohne Moki würde der Laden noch stehen, dieses ganze Bürogebäude. Aber das ist reine Spekulation. Wer weiß, wie sich das alles sonst entwickelt hätte. Hatte vielleicht sein Gutes, trotz dieser Wahnsinnskatastrophe.

Na, als wir diesen Umschlagplatz endlich gefunden hatten, war es schon stockfinster. Wieland & Koch, seit 1951. Das Gelände war nicht sonderlich gut bewacht. Natürlich war alles eingezäunt – oben mit Stacheldraht –, und auf einem Schild stand, dass es Unbefugten verboten wäre, sich dort aufzuhalten. Mehr nicht. In irgendwelchen Kinofilmen hätte in dem Moment sofort ein riesiger Köter angeschlagen und an seiner Kette gezerrt, bestimmt. Doch da war niemand, außer uns. Null Security. Nicht einmal Überwachungskameras hab ich gesehen. Wir haben kurz überlegt, ob wir überhaupt richtig waren. Der Emmerich hat aber gleich entschieden, dass wir da reingehen – eine andere Möglichkeit hätten wir gar nicht. Wie gesagt: Blindflug. Von außen konnte man nicht viel erkennen: ein paar mehrstöckige Bürogebäude, weiter hinten ein paar Lagerhallen, Kartons, Paletten – kein Lieferwagen. Der konnte sonst wo sein. Wenn der Tipp vom Hobbit nun doch falsch war, hab ich mich gefragt. Basti war sich aber sicher. »Der weiß, dass wir zurückkommen und ihn finden, wenn das hier eine Sackgasse ist«, hat er gesagt. Und auch Moki hat genickt, was auch immer das zu bedeuten hatte. Na, damit war es jedenfalls beschlossene Sache. Wir standen mit einem Traktor und einem aufgemotzten Motorrad vor ein paar halb verglasten Backsteinhütten und mussten dort einbrechen. Nur wie? Der Laden war zwar nicht bewacht, das Hoftor ging aber trotzdem nicht auf. Stahlgitter, ohne irgendeine Möglichkeit, es aufzuhebeln.

Der Emmerich hat allerdings nicht lange überlegt. Wie gesagt: der

Traktor war wie ein Panzer. Und die können bekanntlich alles. Na, der Alte hat sich wieder hinter das Steuer geklemmt und ist direkt auf den Zaun zugefahren. Zack – zweimal vor und zurück – und schon war dort eine Lücke, durch die wir durchkonnten – wir mit dem Traktor und Moki mit dem Motorrad. Zum Glück war es stockdunkel und die nächste Straßenlaterne ein paar 100 Meter entfernt. Wahrscheinlich hätte es keinen großen Unterschied gemacht, da war ja niemand – etwas sicherer haben wir uns trotzdem gefühlt.

Richtig weit waren wir aber nicht. Das Gelände war doch ziemlich groß, weitläufig hinten raus, auf keiner Etage der Bürogebäude war Licht, und wir hatten überhaupt keine Ahnung, wo wir anfangen –, beziehungsweise wonach wir suchen sollten. Wir müssten den Lieferwagen finden, hat Basti gemeint. »Dann wissen wir, wo sie Elín versteckt halten.« So weit, so gut. Auf dem ganzen Gelände war allerdings kein einziger LKW oder Kleintransporter zu sehen. Keiner, der zu dem gepasst hätte, in den Elín verfrachtet worden war. Definitiv nicht. Entweder wir waren an der falschen Adresse, hab ich gedacht. Oder sie hatten das Teil in irgendeiner Lagerhalle geparkt, dass man es von außen nicht sehen konnte. Wir sind bestimmt eine halbe Stunde über das Gelände – ohne auch nur irgendetwas zu finden. Und das hat uns wahnsinnig gemacht. Wo zum Teufel waren wir – und wo war Elín?

Dann hat Moki die Nerven verloren, endgültig, und ist weg. »Ich halt diesen Schwachsinn nicht länger aus«, hat er gesagt, »der Hobbit hat uns gelinkt. Und unser Büffelhirte hier hat wohl seinen magischen Kaffeesatz vergessen, oder?« Der Emmerich hat darauf überhaupt nicht reagiert. Der lässt sich nicht provozieren, hab ich Ihnen ja gesagt. Allerdings glaube ich, dass selbst der etwas ins Grübeln gekommen ist. Der hatte genau wie wir genug gesehen – wollte aber nicht so schnell mit dem Kopf in den Sand. Nicht nachdem wir den ganzen Weg über die Landstraße gekrochen waren. »Aufgeben können wir immer noch«, hat er gesagt. Da hat Moki schon nicht mehr zugehört.»5000 Euro für nichts! Und ich lass mich auch noch bequatschen!« Auf dem Weg dorthin zu diesen Büros hatte ich wirklich gedacht, Moki wäre wieder wie früher, und es hätte alles so werden können wie vorher. Nada. Dass er nun als Erster ungeduldig wurde, war nur wieder allzu typisch. Es war nicht sein Plan. Warum ihn also länger verfolgen als unbedingt nötig? Ich meine, ich hab selbst gezweifelt, ob wir dort richtig waren. Basti und der Emmerich wahrscheinlich genauso. Trotzdem musste Moki wieder vorneweg seinen eigenen Weg gehen. »Wir suchen weiter!«, hat der Alte noch einmal angefangen. Da war es längst zu spät. Der Emmerich hatte genauso viel oder wenig Macht über ihn wie jeder andere, mit oder ohne Zauberei. Moki hat sich diesen verfluchten Cowboyhut ins Gesicht gezogen und ist los. »Viel Spaß noch auf der Heimreise!«, hat er gerufen. Dann ist er Richtung Ausgang – dorthin, wo wir das Loch in den Zaun gerissen hatten. Keine Frage, die Sache war gelaufen. Moki würde zurückfahren und was weiß ich dort machen, hab ich gedacht. Nach dem Hobbit suchen und ihn in Stücke reißen oder die beiden Prinzessinnen zu Hause ins Bett bringen. Ehrlich gesagt war mir das scheißegal. Und irgendwie hab ich gefühlt, dass er ja recht hatte. Wir hatten uns da in etwas verrannt, was vollkommen in die falsche Richtung geführt hat. Der Hobbit hatte uns absichtlich durchs Nirwana tappen lassen. Wahrscheinlich um Zeit zu gewinnen, damit er mit dem Insekt und dem anderen die Düse machen konnte. Die waren längst im Kifferwunderland – und wer weiß, was die mit Elín angestellt hatten – oder anstellen würden, wenn sie noch bei ihnen wäre.

Na, wir haben bestimmt fünf Minuten da gestanden, ohne zu wissen, was wir tun sollten. »Soll er doch abhauen«, hat Basti gemeint, »ich werd' ihn nicht vermissen.« Ich glaube, in der Situation war unser Verhältnis schon mehr U-Boot als sinkendes Schiff. Überall Bruchstellen, und kaum war ein Leck unter Kontrolle, ist der Rumpf irgendwo anders auseinandergebrochen. Klar war es Zeit, nach Hause zu fahren. Und Moki hat genau das gemacht, was wir alle hätten machen sollen. Um das Geld war es nicht schade. Und selbst Moki war mir in dem Moment gleichgültig, vollkommen. Wirklich. Der Einzige, der mir leidtat, war der alte Emmerich. Nicht leidgetan, das ist vielleicht falsch ausgedrückt – ich hab mich einfach nur geschämt. Für uns. Wie wir uns verhalten hatten – untereinander – und ihm gegenüber. Der hatte irgendwie an uns geglaubt – daran, dass wir Elín rausholen würden, wo auch immer. Und jetzt stand er dort neben seinem Traktor und hat sich eine Zigarette nach der anderen angesteckt. Der nicht mehr ganz so große M – mit Augenklappe, Karohemd und Gummistiefeln. »Gut«, hat er gesagt, »machen wir das Gleiche. Vielleicht haben wir alle an etwas geglaubt, einfach nur, weil wir an dieses Etwas glauben wollten.« Eingebildete Illusion, hat er es genannt. Die doppelte Verneinung eines nie existenten Tricks. Basti und ich haben uns kurz angeglotzt wie Bahnhof und sind wieder auf den Traktor, ohne ein Wort zu sagen. Der Emmerich hat noch zweimal an seiner Kippe gezogen und ist dann selbst hoch hinters Steuer.

Doch genau in dem Moment ist es passiert, muss ich Ihnen sagen. Magie, anders kann ich mir das nicht erklären. In einer der Lagerhallen weiter hinten war plötzlich Licht, ein paar 100 Meter entfernt. Kein wirklich grelles Licht, höchstens ein blaugraues Flackern. Als hätte einer die Tür aufgemacht, für eine Blitzsekunde, um sie gleich wieder zu schließen. Ich hab mich gefragt, ob ich mir das eingebildet hatte. Weil ich etwas sehen wollte. So wie es der Emmerich vorher gemeint hatte, nur anders. Dann ist kurz darauf die Tür ein zweites Mal aufgegangen – genauso kurz. Eine Person hab ich nicht gesehen, nicht mal einen Schatten. Aber ich war mir sicher. Und selbst Basti hatte es mitgekriegt. »Da muss es sein«, hat er gesagt. Und uns allen war klar, dass wir Elín genau dort finden würden. Wenn überhaupt.

59. PROTOKOLL

JOSS Es war die Idee vom alten Emmerich reinzugehen. Allein. »Zaubern, statt zaudern«, hat er gesagt. Das war natürlich Quatsch – Moki war aber nicht mehr da – und damit auch niemand, der dem Alten diesen Mist ausreden konnte. Na, wir haben den Traktor dann abgestellt und sind langsam auf diese Lagerhalle zu, aus der vorher das Licht gekommen ist. Da war alles wieder dunkel, nichts zu sehen. Die Stahltür war zu, nichts hat sich gerührt. Wir haben uns hinter einem Müllcontainer versteckt und wussten nicht, was wir tun sollten. Ich meine, woher hätten wir wissen können, ob da einer raus- und tatsächlich wieder reingegangen war. Und nicht umgekehrt? Und wenn derjenige rausgegangen war, musste er schließlich irgendwo sein. Auf dem Gelände. Aber wie gesagt: da war niemand. Es war absolut ruhig, totenstill. Und ich konnte Basti hören, wie er neben mir ziemlich schnell geatmet hat. Dann kam der Emmerich mit seinem Plan. Ich glaube, es war weniger ein Plan, als das Gefühl, uns vor einer riesigen Dummheit bewahren zu müssen. So wie das Erwachsene immer tun, wenn sie sich überlegen fühlen. »Gebt mir fünf Minuten«, hat er gesagt, »wenn ich bis dahin nicht zurück bin, ruft ihr die Polizei.«

Vielleicht war das ja sein Plan, hab ich gedacht. Die Bullen einschalten, wenn es wirklich hart auf hart gehen würde. Das hätten wir vielleicht viel früher tun sollen, ging aber nicht wegen Elín. Die Situation hatte sich kaum verändert. Wenn diese Lagerhalle allerdings auch den Emmerich verschlucken würde, hätten wir gar keine andere Wahl gehabt, hab ich gedacht. Und begleiten sollten wir ihn ja auf keinen Fall, hat er gesagt. Wir mussten es ihm versprechen zu warten – und ja, das haben wir gemacht: Fünf Minuten, keine Sekunde länger. Ehrenwort, so bescheuert das auch war.

Na, der Emmerich hat sich aus dem Container einen langen Stock gefischt – seinen Zauberstab, wie er ihn genannt hat – und ist danach gleich los, als wäre alles abgemacht und die Sache könnte null komma null nach hinten losgehen. Dabei hat er sich nicht einmal angeschlichen oder einen auf vorsichtig gemacht. Der ist einfach aufgestanden und auf diese Tür zumarschiert, als wäre das ein ganz normaler Hauseingang, bei dem man nicht mal klingeln muss, um reinzukommen. Showtime! Und Tatsache – die Tür war noch immer offen. Ich meine, nicht verschlossen. Das Insekt und der Nagelmann – oder wer auch immer da drin war, hab ich gedacht – waren nicht nur unvorsichtig oder leichtsinnig, sondern auch reichlich dämlich. Aber klaro, die konnten ja kaum ahnen, dass der Hobbit sie verraten hatte und wir nach Elín gesucht haben.

Jedenfalls schien alles einfacher als gedacht. Der Emmerich würde da reingehen, mit den Typen verhandeln, und sie würden Elín laufen lassen müssen – vielleicht mit dem Deal, dass sie ihren Stoff beiseiteschaffen durften. Wenn das der Plan vom Einäugigen war, war das mehr als simpel. Einem alten Mann würden sie nichts tun – und wenn der auftaucht, hätten sie wahrscheinlich noch mehr Panik aufzufliegen, als wenn Basti und ich sie in ihrem Versteck überrascht hätten. Na ja – so weit der Plan. Kam dann aber doch ein wenig anders. Und damit konnte der Emmerich genauso wenig rechnen wie wir.

Wir haben natürlich gewartet, Basti und ich. Wie vereinbart. Zwei, drei Minuten. Basti ist immer unruhiger geworden und hatte schon das Handy am Ohr, um die Polizei zu rufen. Doch plötzlich tauchen von der Straße her – vorne am Hoftor – diese Scheinwerferlichter auf. Dort, wo Moki vorher abgebogen war, als er uns im Stich gelassen hat. Pling! Im ersten Augenblick hab ich gedacht: die Bullen. Irgendjemand muss den beschädigten Zaun bemerkt haben und hat die Polizei verständigt – vor uns. Den Anruf könnten wir uns also sparen, war meine Idee. Wunschdenken, Gedankenübertragung, wenn Sie verstehen, was ich meine. War aber nicht. Das Hoftor ging auf wie von Zauberhand, fast geräuschlos. Und dann ist dieser schwarze Schlitten aufs Gelände gerast. In unsere Richtung.

Basti und ich haben noch immer zwischen diesem Müllcontainer und einem Stapel Holzpaletten gehockt, wo sich der Emmerich von uns getrennt hatte. Und irgendwo weiter weg stand unser Traktor, mitten im Nichts. Ein riesiger Schatten, der sonst nicht da war beziehungsweise dort nichts zu suchen hatte. Jeder Idiot, der sich dort auskennt, hätte das sofort sehen müssen. Haben sie aber nicht. Zehn Meter vor dem Traktor ist die Karre abgebogen, um die Kurve rum – direkt auf uns zu, als wüssten die genau, wo wir waren.

Zwei Sekunden später geht neben uns ein Rolltor hoch. Das von dieser Lagerhalle. Basti und ich sind mächtig erschrocken, können Sie sich ja vorstellen. Und diesmal ist es richtig hell geworden. Unser Versteck war etwas seitlich, sodass ich nicht erkennen konnte, was drinnen los war. Ich hab nur dieses grelle Neonlicht sehen können, das nach draußen gefallen ist – auf das Auto, das auf die Lagerhalle zugerollt kam. Ein schwarzer Benz, brandneu. Die Motorhaube war allerdings ziemlich verbeult und die Windschutzscheibe zersplittert, ist mir aufgefallen. Als wäre dem einer frontal reingeknallt – mit ziemlicher Wucht. Und am Steuer saß ein Typ mit Zopf, der sah der Nagelfratze nicht ganz unähnlich, diesem Igor. Nur größer, vielleicht der Bruder. Oder sein Klon. Und hinten auf der Rückbank haben noch zwei gesessen. Den einen konnte ich nicht genau erkennen, dafür ging alles viel zu schnell – der andere war aber Moki, ganz eindeutig.

60. PROTOKOLL

ELÍN Hätte keiner von uns geschafft. Ohne den andern. Moki nicht. Ich schon gar nicht, verstehst du? Bin mir jetzt aber sicher, dass er mir selbst dann geholfen hätte, wenn er ok gewesen wäre. Weißt du, kurz nachdem der Traktor auf uns zugerast kam, hat alles gebrannt. Hat erst einen riesigen Schlag getan. Stand dann alles in Flammen. Die Couch. Die Kisten hinter mir. War nur noch eine Frage der Zeit, bis alles in die Luft fliegen würde. Die ganzen Feuerwerkskörper um mich rum.

Konnte aber nichts machen, saß ja auf diesem Stuhl. Die andern sind aus der Halle gerannt, verstehst du? Das Insekt, dieser Igor und die andern beiden Männer. Der alte Mann war plötzlich auch nicht mehr da. Was mir durch den Kopf ging? Dass sie ihn mitgenommen hatten, mich nicht. Hab an den Plastikstreifen gezerrt, war wie gelähmt. An Händen und Füßen. Weißt du, das war wie ein Countdown, der runter auf null gezählt hat. Dachte, ich wäre allein, sie hätten mich vergessen. Oder absichtlich zurückgelassen. Auf einmal geht dort hinten die Autotür auf. Rechts die Hintertür. Die von diesem schwarzen Wagen, der vorher reingefahren war. Bevor der Traktor kam. Da fällt Moki raus, auf den Boden. Konnte kaum laufen, war total benommen. Das Gesicht war voller Blut. Sein rechtes Bein kaputt. Der muss richtig Schmerzen gehabt haben. Dass er überhaupt noch bei Bewusstsein war! Und dann hat er mich gesehen. Hab kurz gedacht, der will nach draußen. So wie die andern auch. Ohne mir zu helfen. Ist aber direkt auf mich zugekrochen. Hättest du ihm das zugetraut? Hat sich rübergeschleppt, auf dem Bauch. Konnte ihm ansehen, wie schwer das für ihn war, verstehst du? Hat es kaum geschafft. Verstehst du, da war nicht nur das Bein gebrochen. War noch sehr viel mehr kaputt. Hat ewig gedauert. Und überall dieses Feuerwerk, die Raketen. Wurde immer heißer um uns rum. Hat es aber geschafft, gerade so. Bis zu mir. Weißt du, was das Verrückte war? Er konnte nicht laufen – und ich mich nicht bewegen. Kein Stück. War also die letzte Chance, die wir hatten. Wir beide zusammen.

61. PROTOKOLL

JOSS Wie es zu dieser Explosion gekommen ist, kann ich nur schwer nachvollziehen. Wahrscheinlich durch das ganze Benzin, was da ausgelaufen sein muss. Der Benz war ziemlich stark beschädigt, hatte ich Ihnen ja erzählt. Wegen des Unfalls vorher. Wahrscheinlich war die Benzinleitung gerissen oder irgendwas am Motor. Und da hat natürlich ein Funken ausgereicht, um alles in die Luft zu jagen.

Na, als diese schwarze Luxuskarosse an uns vorbei war, ging das Rollgitter gleich wieder runter, automatisch, und alles war so finster wie vorher. Ein komplett leeres Industriegelände – ohne Beleuchtung. Kein Ton war mehr zu hören, wieder Totenstille. Friedhof, absolut gespenstisch. Das Rollgitter muss sämtliche Geräusche in sich aufgesogen haben, hab ich gedacht – wie ein schwarzes Loch –, und wir hatten überhaupt keine Ahnung, was da drinnen vor sich gegangen ist.

Natürlich konnten wir nicht länger warten. Ich meine, was auch immer sich der Emmerich ausgedacht hatte – alles war jetzt hinfällig, selbst der beste Plan. Mit dem Wagen hat keiner rechnen können, und es war klar, dass der Alte keine Chance mehr hatte gegen die Typen. Mit dem Insekt und dem Nagelmann wäre er vielleicht noch fertig geworden, hab ich gedacht, aber nicht mehr mit den anderen beiden – und Moki. Was der in dem Benz zu suchen hatte, hab ich am Anfang überhaupt nicht kapiert. Basti noch weniger. Der hat mich nur angeglotzt, als hätte sich die ganze Welt gegen uns verschworen. Und irgendwie hat sich das wirklich so angefühlt. Elín, Moki und der einäugige Emmerich waren da drin – und wir standen wie gelähmt vor dieser verdammten Lagerhalle. Reingehen wäre Kamikaze gewesen, nichts tun allerdings genauso. »Wir müssen die Polizei rufen!«, hat Basti dann gemeint. Und das haben wir auch getan. Ich meine, wir haben es wenigstens versucht. Notruf 110 – irgendeine Einsatzzentrale im Großraum Deutschland. Der Typ dort war noch in der Ausbildung oder schon im Tiefschlaf – hat sich zumindest so angehört. Der hatte mehr Interesse an unseren Personalien als an dem, was da drin in der Lagerhalle los war. Das war fast so wie im Krankenhaus, wenn man mit Kopfschuss oder Schlaganfall oder beidem gleichzeitig eingeliefert wird und sein AOK-Kärtchen vergessen hat.

Das Schlimmste war allerdings, dass der Kerl nicht wusste, was er fragen sollte. Und wir nicht, was wir sagen sollten. Dass da ein Mega-Deal am Laufen war, dass unsere Freunde als Geiseln gefangen gehalten wurden und dass wir mit einem Traktor durch ganz Illinois und Alabama bis dorthin gegurkt waren, um sie rauszuholen, was ja gründlich danebengegangen war. Ich glaube, der Typ hat uns kein Wort geglaubt. Eine Streife wollte er aber trotzdem schicken. »Keine Streife – ein ganzes Einsatzkommando, sonst passiert hier was!«, hat Basti gebrüllt. Im nächsten Moment war die Leitung tot. Der Typ hat einfach aufgelegt. Vielleicht war auch unser Akku leer, keine Ahnung. Jedenfalls standen wir wie blöd da und wussten nicht, ob da gleich eine Hundertschaft anrücken würde oder irgendein Dorfsheriff mit Mofa und Spritzpistole.

Na, wir mussten schnellstens etwas tun, wenn Sie verstehen, was ich meine. Nur was? Basti hat mich angeglotzt – und ich ihn. Klar: der Traktor. Der stand noch unberührt im Niemandsland, und der Emmerich hatte sogar den Schlüssel stecken lassen. Basti hat mich gefragt, ob ich wüsste, wie man so ein Teil steuert. Ich hatte natürlich genauso wenig Schimmer wie er. Aber wie gesagt: Viel komplizierter als der Japse konnte es ja nicht sein. Ich wusste, wie man ihn zum Laufen kriegt und wo man Gas gibt, das hatte ich mir beim Emmerich abkopiert. Und tatsächlich: Zündung – zack, und der Diesel ist angesprungen. Nur die Scheinwerfer haben gestreikt – vielleicht hab ich auch einfach nicht den richtigen Hebel gefunden, was aber nicht allzu wichtig war. Wir wollten ja nicht auf die nächste Autobahnauffahrt, sondern nur die paar Meter bis zur Lagerhalle.

Wenn Sie mich fragen, war das trotzdem fast eine Heldentat. Zumindest hat es sich so angefühlt. Der Traktor war nicht besonders schnell. Wenn man mit 20 oder 30 Sachen auf eine Wand zudonnert, bei der man nicht weiß, was dahinter ist, kommt einem das aber ganz so vor, kann ich Ihnen sagen. Bremsen war allerdings nicht. Zum einen musste ich ja durch dieses Rollgitter – zum anderen hatte ich komplett vergessen, wie man das macht. Ich glaube auch nicht, dass der Emmerich auf dem Weg dorthin ein einziges Mal gebremst hatte. Vielleicht hab ich auch nur schlecht aufgepasst.

Na, an das, was danach passiert ist, kann ich mich nicht wirklich erinnern, höchstens ansatzweise. Ich weiß noch, dass es einen mächtigen Schlag gegeben haben muss. Der Traktor hat das Rollgitter mitgerissen. Dabei war der Aufprall gar nicht so schlimm, ich meine, es war ja keine Wand aus Stahlbeton. Allerdings hat sich das Rollgitter vorne um den Traktor gewickelt, vor den Kühler, und ich konnte überhaupt nicht sehen, wo es langging. Nada. Der Traktor ist einfach weiter in die Halle rein, zehn, zwanzig Meter. In vollem Tempo. Ich weiß nur, wie mir dieser schwarze Benz entgegenkam. Der hatte in der Ecke geparkt, und Moki war noch immer hintendrin, mit dem Gesicht gegen die Scheibe. Die vier Typen standen drumrum. Diese zweite Nagelfratze hat am Kopf geblutet, ziemlich stark sogar – das weiß ich noch. Der hat sich einen Lappen oder was auch immer gegen die Stirn gepresst.

Der Insektenmensch hing an der Fahrertür mit Kippe im Mund –, so bleich, dass man durch ihn durchschauen konnte. Fast wie ein Abziehbild, so muss der sich erschreckt haben. Daneben der kleinere Nagelmann. Der hat blöd um sich geglotzt und wusste überhaupt nicht, was gerade los war. Und da war noch dieser andere Typ – wahrscheinlich der Oberboss. Den Emmerich hab ich nicht sehen können, Elín auch nicht – zumindest kann ich mich nicht erinnern. Denn gleich darauf bin ich mit dem Traktor gegen diesen Betonpfeiler geknallt, ungebremst. Endstation, Schluss, aus. In dem Augenblick muss ich das Bewusstsein verloren haben. Und ich kann froh sein, dass ich da überhaupt lebend rausgekommen bin. Wie – das kann ich Ihnen gar nicht sagen.

62. PROTOKOLL

BASTI das ist schon komisch ... in der lagerhalle hatten wir genau das feuerwerk, das wir unten am mississippi haben wollten, als wir diese kiste ... wissen sie ... und jetzt war es auf einmal da ... bloß war es dort viel, viel schlimmer ... wie ein pulverfass, nur tausendmal bunter ... die bürogebäude komplett ausgeleuchtet, die ganzen scheiben ... magisch ... erst sind da einzelne knallkörper durch das tor – und wenig später durchs dach ... das war höllisch laut, die luft hat vibriert, und überall hat es nach diesem schwarzpulver gestunken ...

die vier typen waren schnell weg ... schneller, als sie gekommen waren ... allerdings zu fuß ... sind an mir vorbei ... hab ich alles auf dem handy ... können sie sich ja nachher ansehen ... und ich war heilfroh, als auch der emmerich mit joss rauskam ... zauberei ... und kurz darauf elín mit moki, der konnte kaum laufen ... hat sich die ganze zeit bei ihr aufgestützt ... arm über der schulter und so weiter ... der ist auf halber strecke zusammengebrochen ... elín hat ihm zweimal aufgeholfen ... eine halbe minute später, und sie wären mit in die luft geflogen ... beide, ganz sicher ... unglaublich ... ich kann mir nicht vorstellen, dass es so was schon mal gab ... in der lagerhalle müssen hunderttausende raketen deponiert gewesen sein, tonnen ...! die halle ist vollkommen ausgebrannt ... mit dem ganzen stoff ... die 40 kilo und diese gemälde ... das totale inferno ... und nicht nur das, die bürogebäude vorne sind auch ... oder ...?

der unfall vorher: ich bin mir da nicht sicher, ob moki das absichtlich ... wenn sie ihn fragen könnten, würde er es vielleicht behaupten ... glaube ich aber nicht, dass das sein plan war ... das motorrad hatte kein licht mehr, und da passiert es doch schnell, dass man in ein auto crasht, oder ...? andererseits: moki ist ein ziemlich guter fahrer, verdammt gut ... und wenn er es wirklich mit absicht getan hat, als er den wagen draußen auf der straße gesehen hat, diesen mercedes – um uns zu helfen – um elín zu ...? ich weiß nicht, zuzutrauen wäre es ihm vielleicht ... übelster wahnsinn ...!

ein wunder, dass er das überhaupt überlebt hat ... ohne helm – nur mit diesem albernen hut ... und dann diese verbrennungen ... er hat es doch überlebt, oder ...? wie geht es ihm überhaupt ...? gibt es etwas neues ...?

DANK Braucht ein Buch eine Danksagung? Unbedingt. Vor allem, wenn es ein Erstlingswerk ist und ohne das Zutun anderer noch immer in irgendeiner Schublade liegen würde. Aus diesem Grund möchte ich dem Team des Hanser-Verlags danken, das dieses Buch erst möglich gemacht hat. Ganz speziell geht mein Dank an Saskia Heintz, die als Erste von dem Stoff überzeugt war, Dorit Engelhardt für die Titelidee »Idiotensicher«, und noch spezieller geht dieser Dank an meine Lektorin Christiane Schwabbaur für ihre jederzeit kompetente, unkomplizierte und inspirierende Art, mit der sie den gesamten Entstehungsprozess begleitet hat.

Ich danke Susan Bindermann, meiner Agentin, für ihr Durchhaltevermögen und den unerschütterlichen Glauben an mich. Bei meinem Freund Enrico Pellegrino möchte ich mich für Dutzende von Coverentwürfen, Gestaltungsvarianten und -variationen bedanken sowie bei meiner Nachbarin Yvonne Messer für das kritische (und vor allem ehrliche!) Lesen. Dieser Dank geht auch an meine Eltern, die mich immer unterstützt haben, ganz egal, welchen Lebensweg ich mal wieder eingeschlagen habe.

Der letzte, größte und besondere Dank gilt meiner Frau und meinen beiden Söhnen für ihre Liebe, ihre Unterstützung und ihre Engelsgeduld, mit der sie mein Schreiben ertragen mussten, und die in letzter Zeit häufiger meinen Rücken zu Gesicht bekamen als mich selbst.